プロブレムQ&A

総点検・リニア新幹線

［問題点を徹底究明］

■

リニア・市民ネット・編著

緑風出版

プロブレム
Q&A

目次

プロブレムQ&A

I　どんな計画ですか？

Q1　リニア中央新幹線はどのような計画ですか？　12

リニア計画はどのように進められ、どのような経緯で実現に至ったのでしょうか？　そしてそこにはどのような問題があり、懸念があるのでしょうか？

Q2　超電導技術とは何でしょうか？　15

リニアの超電導技術はエネルギー・電力消費量が低減できるとして期待され開発研究されてきました。この技術は確立したのでしょうか？　そして安全性は？

Q3　「夢のリニア」の「夢」とは何でしょうか？　18

新幹線が走り始めた時も「夢の超特急」と喧伝されました。今度はリニアが「夢のリニア」です。はたしてその夢は、私たちの「幸福な夢」に繋がるでしょうか。

Q4　地域振興とはどのようなものがありますか？　21

リニアが通れば沿線の地域は活性化し、地方が振興すると言われています。ほんとうですか。過剰な見積りは危険です。過去の例を見ながら考えてみましょう。

Q5　なぜトンネルが多いのですか？　24

リニア新幹線はほとんどがトンネルで、まるでモグラのような乗り物です。なぜ、このような旅の楽しみもない、地下鉄型のルートが選ばれてしまったのですか。

Q6　環境アセスはどのように行なわれましたか？　27

南アルプスをトンネルで貫通しようとするリニア中央新幹線。大規模な自然破壊は明らかですが、環境アセスメントは十分にその役割を果たしたのでしょうか。

Q7　沿線都県の自治体はどのように対応していますか？　30

沿線自治体の多くは、リニア歓迎ムード。来県者や人口が増えて税収増が期待されるのでしょう。しかし、ストロー効果や環境破壊の懸念も払拭できません。

Ⅱ　どんな問題があるでしょうか？

Q8　エネルギーはどれくらいかかるのでしょうか？
リニアはスピードを追求することから本質的にエネルギーを消費します。議論が重ねられましたが、実際のところ電力浪費は免れないようです。　34

Q9　磁界（電磁波）の強度はどのくらいでしょうか？
リニアは磁界が強ければ健康影響が心配になります。乗客や乗員、近隣住民にとって数値は、正しく示されているでしょうか。基準に対してはどうでしょうか。　38

Q10　磁界のリスクとその基準はどうなっていますか？
リニアの磁界には健康への悪影響がありますか？　これまでの研究、そしてそれを受けての基準を基に、国内外での議論と現状からリスクを見てみましょう。　41

Q11　電磁波対策はどうなっていますか？
乗客に磁界が及ばないようにするためシールドには鉄が使われます。この磁界シールドはどのように設置されているのでしょうか　44

Q12　地震のときトンネルはどうなるでしょうか？
確かに日本の新幹線は開業以来これまで五十年間、死亡事故、重大事故はないようにみえます。しかし高速走行中に直下型地震があればどうなるのでしょうか。　48

Q13　活断層や大鹿村を掘り抜けて大丈夫ですか？
ルートの長野県大鹿村周辺には活断層の赤石構造帯があります。そして激しい隆起活動をしている場所ですが、そんな所にトンネルを掘って大丈夫なのですか？　52

Q14　トンネル内で事故のとき避難はどうするのですか？
トンネルで事故が起きたら大惨事になることが大変心配です。過去にトンネル内での事故はどうだったのでしょうか。避難計画はどうなのでしょうか？　57

プロブレム Q&A

Q15 フェイルセイフシステムとは何でしょうか? 61
鉄道では列車が電源を失うとブレーキが働くシステム、つまりトラブルに対して安全側に働くシステムが使用されています。さてリニアはどうでしょうか。

Q16 ドイツや中国のリニアはどうなっていますか? 65
ドイツのリニア「トランスラピッド」は実験中に環境問題や経済性について評価した結果、連邦議会が中止を決めましたが、その経緯はどうだったのですか?

Q17 建設費に問題はないのでしょうか? 69
JR東海は、リニアの東京~大阪間の建設費約九兆円をすべて自社費用で賄うとしています。しかし本当にそれで間に合いますか。そして問題はないですか。

Q18 リニアの採算はとれるのでしょうか? 72
リニアは九兆円という大投資。はたして回収できるのですか。「絶対ペイしない」という声も聞こえる中で、国民の負担は生じないと断言することはできません。

Q19 財政投融資を行なうそうですが、どういうことでしょうか? 75
リニア計画に対して、政府からJR東海への三兆円の財政投融資が決定され、実行されています。なぜ着工後に決まり、またどんな問題があるのでしょうか?

Q20 東海道新幹線は今後どうなるのでしょうか? 79
現在約一億人を超える利用客がある東海道新幹線。しかしリニア新幹線開通後、利用客はどのように変化し、東海道新幹線自体もどのように変わるのでしょう。

Q21 トンネルを掘ることによる水涸れは大丈夫でしょうか? 82
山梨の実験線で、トンネル掘削による地下水の涸渇が始まっています。全線の八六%がトンネルで、南アルプスを貫く本体工事による水涸れは大丈夫ですか。

Q22 地下からはヒ素など有毒物質が出るとのことですが? 86
地下を掘ることで重金属やヒ素などの有毒物質が出てくることがあります。これまでのトンネル工事等でも大きな問題になり対策に窮している事例もあります。

Q23 大深度地下使用に問題はないのでしょうか?

大深度地下法により、リニアは都市部では地下四〇mの深い場所を通すことになっています。騒音や振動、地下水や地盤への影響など問題がないのですか?

89

Q24 トンネル掘削による残土は処理できるのでしょうか?

リニア新幹線のトンネル掘削による残土はどれくらい出て、またそれは適正に処理されますか。住民は残土をめぐり、どのような疑問や不安を抱えていますか。

92

Q25 山梨実験線の建設によってどんな被害が出ていますか?

既に山梨実験線で様々な被害が出ています。それは日常生活や自然環境、生態系への悪影響ですが、それは今後二八六㎞の沿線地域の被害の雛型でしょう。

95

Q26 明かり区間にはどんな問題があるのでしょうか?

リニアの施設がむき出しに通る明かり区間。居住住民の不安は、増すばかりです。そこには実験線の知見が決して生かされているとは言えません。

98

Q27 沿線での生物環境へ影響はどのようなものがありますか?

直線コースのリニアは貴重な動植物の棲息する環境も破壊して建設されます。生態系の破壊、また稀少な動植物の絶滅も各地で心配されています。

101

Q28 岐阜のルート上の旧ウラン鉱山は安全なのですか?

ルート上にある岐阜県東濃地域にはウラン鉱床があり、ここにトンネルを掘ることでの環境汚染が懸念されます。調査は、そして安全性の確認はどうですか。

106

Q29 リニアは景観にどのような影響があるでしょうか?

リニアのほとんどは地下を走るので景観に及ぼす影響は少ないと言えますが、地上部(明かり区間)では巨大な構造物であるだけに影響は甚大です。

110

Q30 説明会やパブコメはどのように行なわれましたか?

説明会やパブコメは、リニアに対する国民の意向を知る上で、大変重要な役割を担っています。はたして、民意は反映され、住民の理解は得られたでしょうか?

115

プロブレムQ&A

Q31 沿線の住民はどのように受け止めているのでしょうか？ 118
リニアが通過する各都県の沿線の住民は、居住地やリニアの知識などによってリニアを受け入れる温度差が生まれています。実状はどうでしょうか。

Q32 裁判が進行していますが争点は何ですか？ 121
リニアの工事の認可をめぐって、とうとう裁判が始まりました。裁判ではいったい何が争われるのでしょう。また裁判によって工事が中止になるのでしょうか。

Q33 リニアによる時間短縮や速さは人間や社会に何をもたらすのでしょうか？ 124
交通機関の長足の進歩によって、時間がどんどん短縮され、より経済的繁栄がもたらされると言われています。しかしその中で、人間はどうなっていくのですか。

Q34 リニアの便利さをどれだけの人が享受できるでしょうか？ 127
リニアは、便利と思う人は多いでしょう。ではその便利さをどれほどの人が享受できるか、具体的な例に沿ってこの問題を考えてみると疑問も多いのです。

Q35 速くするためのエネルギーは人間を幸福にするのでしょうか？ 130
速くなれば幸福になる、ということは本当なのでしょうか。それを考えるためには、私たちはまず一人一人が「幸福とは何か」を考えなければならないはずです。

Q36 リニアのメリットとデメリットの比較 133
リニアの問題点をみてきました。そのメリットとデメリットを聞かれることがあります。最後にその比較について、実際のところをまとめてみましょう。

Ⅲ 資料

プロブレムQ&A

I

どんな計画ですか?

Q1 リニア中央新幹線はどのような計画ですか？

リニア計画はどのように進められ、どのような経緯で実現に至ったのでしょうか？　そしてそこにはどのような問題があり、懸念があるのでしょうか？

わが国は、東海道新幹線をはじめとして、山陽、九州、東北、山形、秋田、長野、北海道、北陸など全国に新幹線網を張りめぐらし、高速の移動を可能にしてきました。その中で東京〜名古屋間を結ぶ中央新幹線は、すでに同じ区間を結ぶ東海道新幹線がありますから、他の新幹線に比べて必要度の少ない新幹線であり、その実現は財政状況から見ても困難と思われてきました。しかもそれを未経験のリニアモーターカーで動かすというわけですから、いっそう困難な計画と言えるでしょう。

そもそもリニア技術（Q2参照）は、一九七〇年に国鉄の鉄道技術研究所で本格的に研究が始められ、七七年に宮崎県でリニアの実験走行が開始されました。その後山梨県に実験線が新たに造られ、宮崎実験線での車両火災による全焼事故《ぜんしょうじこ》が起こったこともあって、一九九七年山梨での走行実

東海道新幹線
一九六四年開通。東京〜大阪間が「ひかり」で結ばれ、四時間で行けるようになりました。東京オリンピックの開催に合わせたものですが、わが国の高速鉄道時代の幕開けとなりました。

金丸信（一九一四〜一九九六年）
一九九二年佐川急便からの五億円の闇献金で、自民党副総裁を辞任。同年起訴、有罪となり、十月議員を辞職。翌一九九三年、ゼネコンから

験が本格化していきました。その背景には、将来中央新幹線をリニア方式で造るという考えがあったようで、その動きには山梨県選出の金丸信《かねまるしん》国会議員の強い働きかけがあったと言われています。

しかしバブルが崩壊《ほうかい》し、さまざまな社会情勢の変化の中で、リニア中央新幹線への国民の関心は薄くなっていきました。そのためリニアは実験線を走らせることによる技術的な向上だけが目的になるのではないかと思われていたのですが、二〇〇七年四月にJR東海が、自社費用によるリニア中央新幹線建設の構想を発表しました。それによってこの計画は、一気に実現化の方向で動き始めたのです。それは政界や行政のみならず、国民にとっても青天の霹靂《へきれき》とも言える突然のできごとでした。その後国土交通省の交通政策審議会の審議を経て、全国新幹線鉄道整備法に基づき事業を行なうこととなり、環境アセスメントや住民説明会などが行なわれた後、二〇一四年十月に事業計画が認可されました。

さてリニア中央新幹線計画は、東京~名古屋間を最高時速五〇五kmで、所要時間を四十分で結ぶというものです。二〇二七年の開業を目指し、二〇四五年には大阪までの延伸（所要時間六十七分）を予定しています。品川駅を起点とし、途中駅は相模原、甲府、飯田、中津川を結んで名古屋に至

の巨額の闇献金が発覚、秘書とともに所得税法違反で逮捕。不適切な金銭の授受は、国民からの不信を買いました。

交通政策審議会

二〇一〇年前原誠司国交大臣（当時）から、リニア新幹線の整備計画を諮問され、二〇一一年五月まで二〇回の委員会が開かれました。しかしリニア新幹線計画の目的の妥当性も、リニア方式による整備の是非も検討されず、いわばJR東海の提出した計画を前提として、議論が進められました。言ってみれば同審議会は、お墨付きを与えるにすぎなかったとも言えます。

全国新幹線鉄道整備法

一九七〇年制定。一九六九年制定の新全国総合開発計画の影響下に作

ります。八六％がトンネルで、南アルプス（赤石山脈）や中央アルプス（木曽山脈）を突き抜けるルートとなっています。そのため残土や地下水などへの影響が懸念《けねん》されています。

また建設費は五兆五〇〇〇億円（大阪延伸にはさらに三兆六〇〇〇億円）とされていますが、費用の細目はわかっていません。そのためこの費用計算にどれほどの信憑性《しんぴょうせい》があるのかも疑問視されています。しかも二〇一六年十一月に、大阪までの延伸を最大八年間前倒しするという理由で、三兆円の財政投融資が実行されました。当初の自社費用宣言は棚上げされ、着工するや否や公金が投入されることになったのです。

トンネル工事の困難さ、残土処理の未確定さ（Q24参照）、費用の不透明さなど、リニア計画は多くの課題が残されています。（川村）

られたもので、全国の均衡ある発展を目標に、交通ネットワークの形成を目論んでいます。リニア新幹線は、第三条に定める「中核都市の連結」などと相容れない部分もあり、同法の適用がふさわしいかどうか疑いが残ります。

財政投融資
特殊法人の事業計画や、資金の調達・運用をつかさどる国の制度。財投債を発行して民間から資金を調達して運用します。毎年度、予算編成とともに財投計画を作ります。Q19参照。

Q2 超電導技術とは何でしょうか？

リニアの超電導技術はエネルギー・電力消費量が低減できるとして期待され開発研究されてきました。この技術は確立したのでしょうか？ そして安全性は？

リニアの高速走行のためには超伝導磁石《ちょうでんどうじしゃく》が用いられ推進力に強い磁力が使われます。

超電導状態になった電気は抵抗がほとんどなく流れ続けるという性質があることから省エネ技術として高速鉄道に応用しようとしたのです。技術が確立したのであれば重い車体を浮上させ超高速で走らせることも可能になります。

ある種の金属・合金・酸化物を一定温度以下としたとき、電気抵抗がゼロになる現象を超電導現象といい、超電導状態となったコイル（超電導コイル）に一度電流を流すと半永久的に流れ続けます。超電導リニアには、超電導材料としてニオブチタン合金を使用し、液体ヘリウムでマイナス二六九度に冷却することにより超電導状態を作り出しています。

液体ヘリウム

リニアはヘリウムを利用して特殊なチタンを冷却しマイナス二六九℃の中で超電導状態を作り出します。冷却のためのヘリウムは超電導リニアにとっては不可欠な物質。しかし地下資源であり天然ガス採掘が減少すると生産量が減ります。密度が小さいので大気中にとどまらず地球の重力圏外に出ていってしまいます。

ヘリウムは世界生産量の約七六％を米国が占めており（二〇一一年）、生産量減少のため輸出が制限され、価格も上昇しています。今後需給がしかし、その超電導状態を作るためにエネルギーがかえって余計にかかってしまいます。そのため温度が高くても超電導状態にするべく常温超電導、あるいは高温超電導と呼ばれる技術が研究されています。これが実現すれば在来新幹線よりも省エネで高速の新幹線が可能です。これまでの研究ではこの電気抵抗ゼロ状態の温度を数度上げるのが精一杯です。それにも逆にエネルギーがかかったりするため、電力のいらない、あるいは省電力の超電導技術というのはほぼ現実性に乏しいと言っていいでしょう。常温での超電導技術はリニア実験線でも、また中央新幹線開業にも使用できる見通しはまったくありません。

また超電導状態は、何らかの原因により磁力が失われる「クエンチ」という現象が起きます。宮崎では実験中にもしばしば起きていたのですが、山梨実験線での詳細な報告を見ることはできません。

説明会などでJR東海は「実験線でクエンチ現象は起きていません」と繰り返し答えています。しかし、報道（『山梨日日新聞』一九九九年九月四日付）では「山梨リニア実験線　クエンチで車両停止」と、事故を伝えています。記事では「JR東海などによると八月五日午後二時五〇分ごろ。三両編成の試験車両が時速約四〇〇kmで浮上走行中、トンネル内で一部の超

逼迫し、価格がさらに高騰する可能性が指摘されています（経済産業省による委託調査である「ヘリウムを含有する天然ガスに関する調査報告書」）。

地上コイル配置（新方式の単層配置）

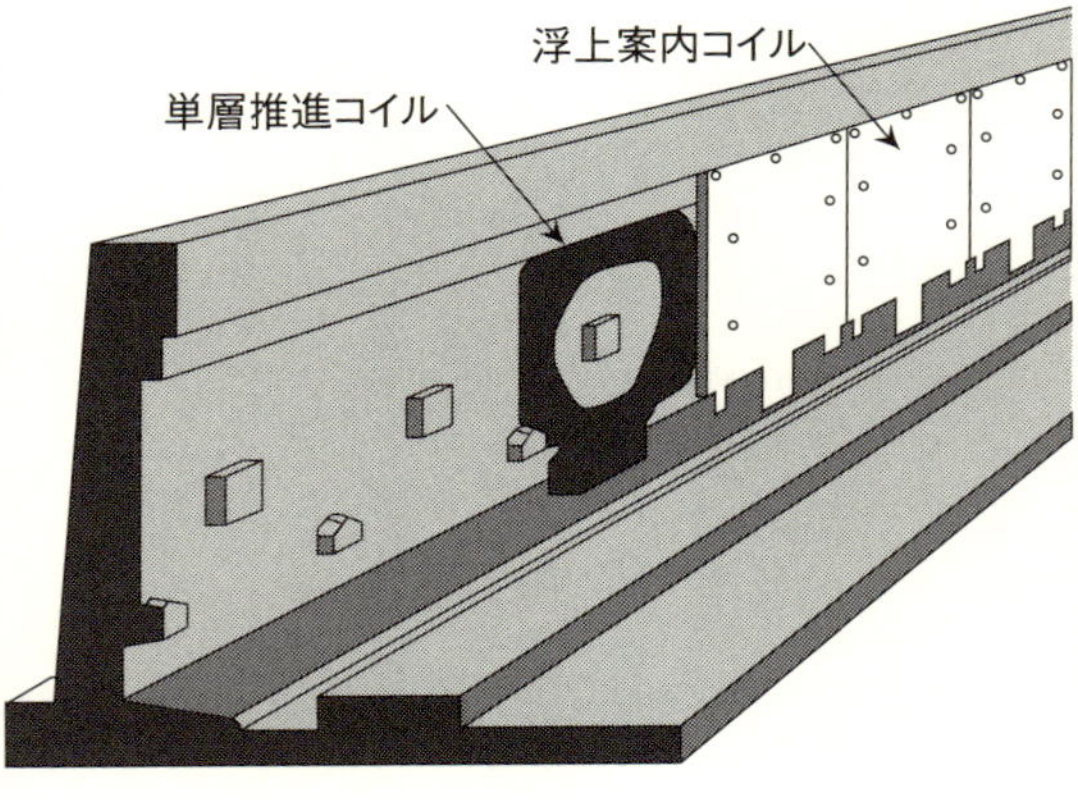

「ここまできた！超電導リニアモーターカー」（二〇〇六年：鉄道総合技術研究所、交通新聞社）より

電導磁石の磁力が低下。異常を感知したコンピューターによって自動でブレーキがかかり車輪走行に移ってから停止した」とあります。

その原因について「マイナス二六九度の液体ヘリウムを供給するステンレス製の管の接合部に長さ約一センチの亀裂が入っていた」ということです。わずかな「ヒビ」が起こしたのがこの山梨実験線の事故でした。

山梨実験線の事故を、JR東海が発表したのは、事故から一カ月後のことでした。事故が、その後またそれ以前にもまったくなかったのか、確証は得られません。

浮上して高速走行することで、レール上の走行より安定に欠ける状態の中でのクエンチの可能性はゼロにしなければなりませんが、それは可能なのでしょうか。

エネルギー問題、そして安全性について高速交通の技術として超電導技術は未来を担うことが可能なのかどうか考えなければなりません。

（懸樋）

超電導磁石と地上コイルの配置（振動テスト系配置より）

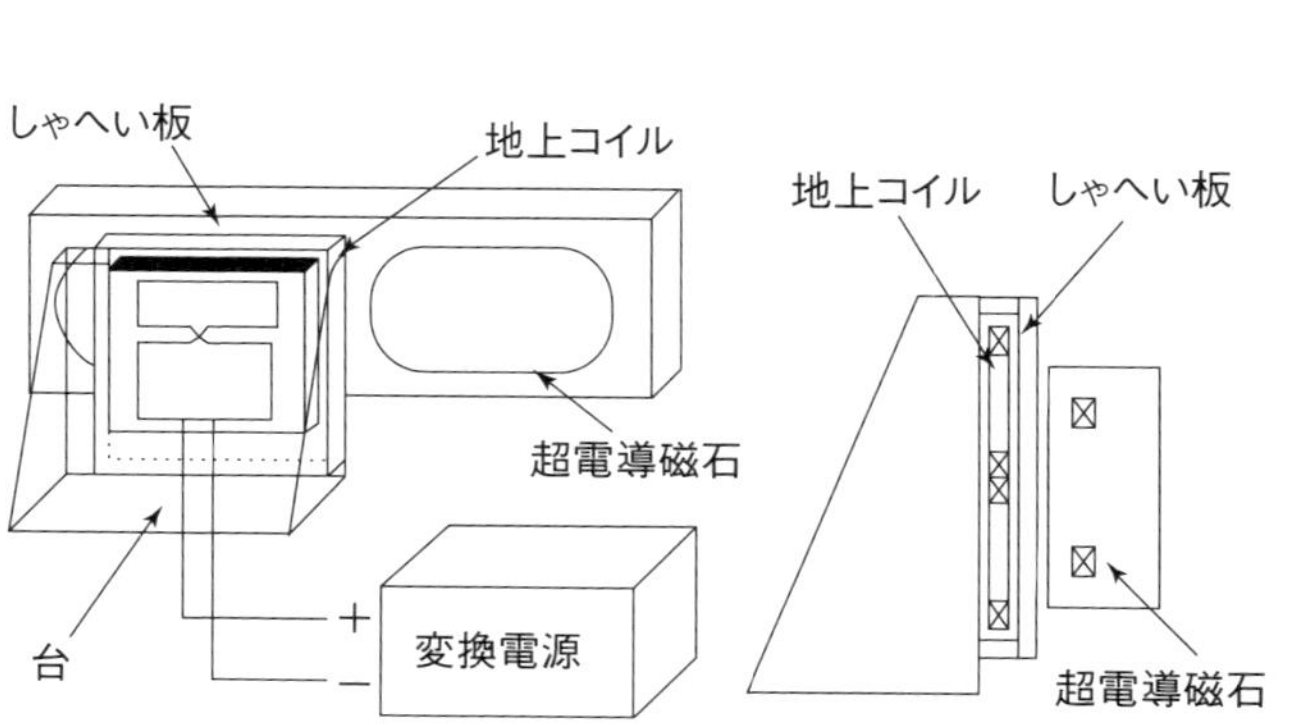

「Development of Electro Magnetic Vibration Test Apparatusf or Grand coils Applied to Maglve System」(Q Rof RTRY, Vol.48 (2) 2007：M·TANAKA et al.)より

Q3 「夢のリニア」の「夢」とは何でしょうか?

新幹線が走り始めた時も「夢の超特急」と喧伝《けんでん》されました。今度はリニアが「夢のリニア」です。はたしてその夢は、私たちの「幸福な夢」に繋がるでしょうか。

かつて東海道新幹線が計画され、走り始めた時、「夢の超特急」と言われ、それが社会の共通認識として享受《きょうじゅ》されていました。そして今度はリニアが「夢」として人々の間に受け止められています。では新幹線の時速二五〇kmがリニアで倍の時速五〇〇kmとなったことで、夢は倍に膨《ふく》らむのでしょうか?

こんな疑問を考える時、私たちはいま手に入れることのできた新幹線の「夢」がいったい何だったのかを考えてみる必要があるでしょう。

新幹線ができて、確かに速くなりました。東京を起点に考えれば、日本全国どこにでも早く行くことができます。便利と言えば確かに便利です。今まで二日がかりで行かなければならなかった所が、たった一日で行って帰って来れるようになったのですから、便利になったことはまちがいありません。では便利になったことと引き換えに、私たちが失ったものはなかったのでしょうか。

東京からすぐに全国どこにでも行けるということは、逆に全国どこからでもすぐに東京に行けるということにほかなりません。それは東京に限らず、大阪をはじめとする大きな都市は同じことが言えます。つまり新幹線のような高速鉄道は、東京や大阪などへの人口の一極集中を促す効果があるということです。これをストロー効果と呼んでいますが、そのために地方の人口は減って、地方の衰退化が進んできました。高度経済成長期以後、つまり新幹線ができて以後、地方は人間を東京に吸い取られ、農業、林業、漁業などの第一次産業の担い手は、どんどん減っていきました。リニアができれば、その傾向はいっそう強くなるでしょう。

次に速くなったことで、人はたいへん忙しくなりました。それまでなら二日でやった仕事が一日でできるようになったからです。サラリーマンの出張を考えれば、すぐに分かることです。生産量（GDPを考えるとよいでしょう）は上がりましたが、人間の仕事量が増え、人間が仕事に追いつめられるようになりました。リニアはそれをいっそう強力に押し進めていくでしょう。

一極集中

戦後、中学を卒業したばかりの若い労働力が、金の卵と呼ばれ大都市に呼び寄せられましたが、東日本の金の卵は東京に、西日本のそれは大阪に集中しました。こうした地方からの人口の流入が大都市の急膨張の引き金になりました。

サラリーマンの出張

基本的にスピードと人間の関係を考えなければなりません。早く移動できれば早く仕事を終えることができますが、早く終わった分だけまた新しい別の仕事を抱え込まざるを得なくなるのです（Q33、35参照）。

エネルギーの消費量

リニア新幹線のエネルギー消費量は、在来の新幹線に比べて、ＪＲ東

それからリニアの厖大《ぼうだい》なエネルギーの消費量も考慮に入れなければなりません。新幹線の三〜四倍という消費エネルギー（Q８参照）は、深刻な環境破壊に結びついていくでしょう。

そしてさらに、リニアは南アルプスのトンネル掘削《くっさく》をはじめとするすさまじい自然破壊を伴います。水の涸渇《こかつ》、動植物の生態系への影響ははかりしれません（Q13、Q21、Q27等参照）。

こう考えてくると、リニアは「速くなる」という「夢」を手にすることができるかもしれませんが、同時に大都市への一極集中、人間の多忙化、環境破壊や自然破壊など、多くの負の側面ももたらすと言わざるをえません。とすれば、リニアによって私たちが手に入れる「夢」は、「悪夢」である可能性が高いということも言えるでしょう。

（川村）

海の試算では三・五倍とされますが、それ以上のエネルギー量を見込む研究者もいます。また、平均的な消費量ではなく、起動し加速するときに供給される最大エネルギー量を考える必要があります。いずれにしても原発をはじめとする深刻な環境問題を抱えている現在、過剰なエネルギーを消費する交通機関が望ましいかどうか、考えてみる必要があるでしょう（Q８参照）。

「悪夢」

フリージャーナリストの樫田秀樹さんがリニアについて書いた著作には『〝悪夢の超特急〟リニア中央新幹線』（旬報社、二〇一四年）という書名が付されていますが、リニアを悪夢と考える人は少なくないように思われます。

Q4 地域振興とはどのようなものがありますか？

リニアが通れば沿線の地域は活性化し、地方が振興すると言われています。ほんとうですか。過剰な見積りは危険です。過去の例を見ながら考えてみましょう。

リニアによる地域振興《ちいきしんこう》と言えば、リニアが開通したことによって、沿線《えんせん》各地域の収入や雇用が増えるのかどうかということでしょう。もちろん建設時の土木作業によって、各地域の建設業界に一定の仕事が割り当てられ、そのために一時的な経済の振興という効果はあるのでしょうが、それを別にすると、地域振興の上で格別な恩恵《おんけい》がもたらされるのか、かなり疑問視せざるを得ません。

しかし沿線地域の都県行政が、地域振興の上でリニアに大きな期待を寄せていることは事実です。たとえば各都県がリニアの各県駅で乗降する一日の利用客を試算していますが、それによれば、岐阜県が約一万人、長野県が六八〇〇人、山梨県が一万二三〇〇人、神奈川県が七五〇〇人、と見積られています。こうした数の乗降客が、商用や観光で各県を訪れ利用するというのですが、この数字がどれほど正確であるのかどうかは俄《にわ》かに信用することができません。

というのもこの乗降客数を一列車あたりに計算し直すと、リニアの中間駅だけで一〇一八人の利用者になるのですが、実はリニア一列車には一〇〇〇人しか乗れないからです。各県がいかに過剰な乗降客数を見積っているかが分かると思います。

山梨県の試算を具体的に見てみると、一日あたり観光目的で八六〇〇〇人（経済効果一七〇億円）、ビジネス目的で三六〇〇〇人、通勤通学で一〇〇〇人となり、また二六〇〇もの会社が立地して増え、居住人口も一万四六〇〇人増えると言うのです。

しかしリニアで企業が増えるのであれば、すでに着工している今、県内企業数は増えていておかしくないはずですが、現実には企業は山梨県から撤退しているのです。二六〇〇社と言えば、七年以上毎日一社が山梨県内に立地するということになるわけで、夢のような数字をはじき出していると言わざるを得ません。

高速鉄道が地域の振興に役立つのか、ということを考える場合、過去の経験に学ぶことも大変重要なことです。たとえば長野新幹線を見てみまし

居住人口
山梨県の人口は、減少の一途をたどっています。二〇〇〇年の八八万八一七二人をピークとして年々下がり始め、二〇一六年には八二万九八八四人になっています。
後藤斎県知事は一〇〇万人の人口を目指すことを公約に当選しましたが、当選後はすぐに修正しました。リニアで居住人口が増えるのであれば、開通前のまだ土地が廉価な時に移住する人が増えるはずですが、そうはなっていません。

長野市
長野市は長野県の県庁所在地。人

ょう。長野新幹線は一九九七年、長野五輪を契機に開通したのですが、終着駅の長野市は市内の商品販売額が二〇〇二年に三一七二億円であったのに対し、五年後には二七九五億円に減少、人口も一九九八年以後転入者より転出者が上回っているのです（「朝日新聞」二〇一〇年十月九日付、「be」欄、新幹線「経済効果」の由来）。

また上越新幹線が通過する長岡市は、同新幹線建設の立役者である田中角栄氏のお膝元《ひざもと》ですが、長岡駅近辺のアーケード街の灯は消え、地元では「脱田中」がキーワードになっていると言われています（『日刊ゲンダイ』二〇一〇年十月二十一日付、「65日間日本一周」）。これらはいずれもストロー効果（Q3参照）ですが、各県ともこれを軽視しているようです。

いま各県とも駅前開発に大型投資を予定していますが、それに見合う地域振興がほんとうにあるのでしょうか。（川村）

口約三八万人。北陸新幹線が開通した現在、たとえば午前八時台には、上り下り各三～四本の新幹線が停車します。

一方、松本市は人口約二四万人。新幹線は通っていませんが、市内の商品販売額は長野市との同時期比較では一四三億円上回っています。新幹線がいかに客を大都市に呼び込んでいるか、よく分かります。

駅前開発

たとえば山梨県の駅前開発構想を見ると、駅付近に観光交流・産業振興エリアと称して、大国際展示場（カジノも？）をはじめとするいくつものハコモノの建設が考えられているようです。これも過剰な乗降客の見積もりから発想されているものですが、失敗した時のツケは、すべて県民に回ってくるのです。

Q5 なぜトンネルが多いのですか？

リニア新幹線はほとんどがトンネルで、まるでモグラのような乗り物です。なぜ、このような旅の楽しみもない、地下鉄型のルートが選ばれてしまったのですか。

リニア新幹線は、東京〜名古屋間（総延長二八六km）の八六%がトンネルになっています。逆に言うと、明かり区間（地上走行区間）はわずか一四%で約四〇kmにすぎません（明かり区間のほとんどは、山梨県と岐阜県に限られています）。

ではなぜこのようなことになったのでしょうか。それには二つの大きな理由があります。その一つは、東京や神奈川、愛知などの大都市部の通過区間は、用地買収が困難な上、騒音《そうおん》、日照、電磁波などの被害が多数の世帯に及ぶため、地下を通した方が、建設する上でも運行する上でもやりやすいからです。

しかも二〇〇一年に施行された「大深度法《だいしんどほう》」（大深度地下の公共的使用に関する特別措置法）では地下四〇mの大深度地下は公共的空間として、地

中東部の中小都市

諏訪盆地とその周辺の地方都市で、現在中央本線の特急あずさは、茅野、上諏訪、下諏訪、岡谷、塩尻などの各駅に停車しています。

権者の了解や補償は必要ないことになっているため、工事を円滑に進めることができるのです。このような理由から人口が集中している大都市部では、地下の利用が採用されトンネル区間となっているのです。

もう一つ、大都市部以外の区間でトンネルが多い理由があります。それは主にルートの選定に関わっています。リニアは、山梨、静岡（北部）、長野、岐阜を通過していきます。従って南アルプスやその周辺の山地が聳《そび》えており、当然トンネルなしでは東京〜名古屋間を結ぶことはできません。

実は当初、南アルプス越えをめぐって三本のルート（下図参照）がＪＲ東海によって発表されていました。

一本は南アルプスを北に迂回して諏訪盆地を通り、伊那谷を下るルート、一本は同じルートで木曾谷を下るルート、そしてもう一本は南アルプスをトンネルで突き抜けるルートです。南アルプスを北側に迂回すると、長野県の中東部の中小都市を通過しますので、長野県民が利用しやすくなるため、長野県は迂回ルートを望んでいました。

しかしＪＲ東海が選んだのは、南アルプスをトンネルで通過するルートでした。それはなぜでしょうか。

最大の理由は、工事費の問題です。ＪＲ東海の試算（当時）では、南ア

リニア中央新幹線のルート

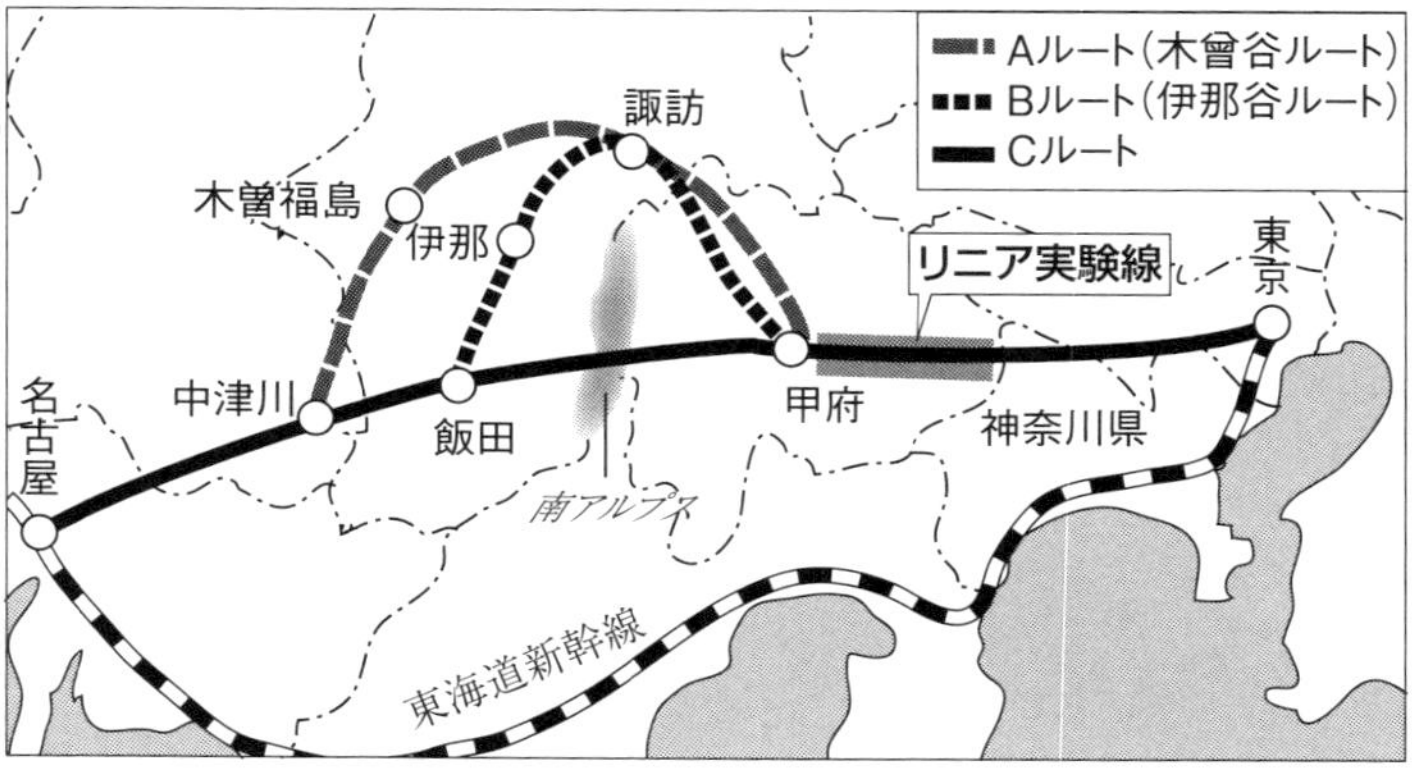

（出典）『朝日新聞』二〇〇八年七月二十四日付をもとに作成。

ルプスルートが最低額の五・一兆円、伊那谷ルートが五・七四兆円、木曽谷ルートが五・六三兆円で、迂回ルートの場合は市街地周辺の用地買収費などで費用がかさむというのです。

それからもう一つ理由があります。それは迂回ルートを採用すると、距離が六〇㎞ほど延び、所要時間も十分前後増えるからです。南アルプスルートですと、軌道《きどう》はほぼ直線ですが、迂回ルートでは曲線部が傷となり、東京〜名古屋間を四十分で結ぶというJR東海の構想が崩れてしまいます。それではリニアを利用して速く行くという利便性が少なくなってしまうのです。

おそらくJR東海は、当初から南アルプスルートを考えていたのではないでしょうか。ルート沿線の各県へのサービスで三ルートは提示したものの、費用や、所要時間の点ではじめから南アルプスのトンネルありきの計画だったものと思われます。

（川村）

トンネルありき

環境アセスメントの上からも、本来、伊那谷ルート、木曽谷ルート、南アルプスルートの三本を比較検討して、ルートの決定の参考にすべきだったのですが、結局アセスは行なわれないまま、当初から南アルプストンネルルートありきで計画されていたことが窺えます（Q6参照）。

距離と時間

このルート選定は、リニアが東京と名古屋を短時間で直結するということが目的であり、沿線住民の利便性は二の次であることを明示していると言えます。少しでも短く、少しでも短時間にという考え方が、沿線住民の利便性の無視につながったということでしょう。

Q6 環境アセスはどのように行なわれましたか？

南アルプスをトンネルで貫通しようとするリニア中央新幹線。大規模な自然破壊は明らかですが、環境アセスメントは十分にその役割を果したのでしょうか。

二〇一一年六月、リニア新幹線の環境影響評価（環境アセスメント）の配慮書が公告されました。これは二〇一三年四月に改正、施行される環境アセスメント法を前倒しする形で、三ルート案（Q５参照）のアセスを行なうという、環境省の言ういわゆる戦略的アセスの実施だったわけですが、国交省の小委員会はそれを行なう前に南アルプス貫通ルートを決定してしまいました。そのために戦略的アセスは名ばかりのものになってしまいましたが、すでにこの時点でアセスをないがしろにしても、早く着工したいというJR東海、国交省の態度がかいま見えると言えます。

二〇一一年九月、JR東海はアセスの方法や内容の概略を示す「環境影響評価方法書」を公表しました。環境影響の対象としては、大気汚染、水環境、土壌環境、動物・植物・生態系・人と自然との触れ合い、環境への

環境影響評価（環境アセスメント）

環境影響評価法は、一九九九年に施行され、その後何度も改正されて現在に至っています。現在はまず計画段階において配慮事項の検討結果を示す配慮書を作成する必要があります。次に配慮書への意見などを取り込んで、方法書（調査や予測及び評価に係る方法を記したもの）を作成、説明会を開き、意見を聴取しなければなりません。次に方法書の結果について、環境保全の見地からの意見を聴くための準備として、準備書を

負荷などに及び、ＪＲ東海はこれについての説明会を沿線の自治体の五八カ所で行ないました。

しかし各地の説明会は説明が具体性に乏しく、住民がほんとうに知りたい疑問に対しても、〈影響は少ない〉とか、〈対策を考えています〉とか、〈基準値以下です〉といった答えがくり返されるばかりで、住民の不安や疑問が決して解消されるものではありませんでした。しかも質問は一人につき三問までとされ、再質問は認められなかったため、ＪＲ東海の回答が不十分なものでもそれで引き下がるしかありませんでした。そして多くの場合、所定の時刻になると〈時間切れ〉を理由に、何人もの質問の手が挙がっていても説明会を終了してしまいました。

もちろん方法書に対するパブリックコメント（意見募集）も実施され反対意見も多数提出されましたが、ＪＲ東海は「こうした意見をいただいております」と述べるにとどまり、それが次の準備書に反映されることはほとんどありませんでした。そして二〇一三年九月、ＪＲ東海は環境影響評価準備書を公表しましたが、準備書の場合も方法書の時とまったくと言ってよいほど同じことがくり返されました。

ただこの準備書に対しては沿線各都県の知事や自治体首長から、ＪＲ東

作成、この段階でも住民の意見をもとに関係都県の知事や自治体の意見を聴取せねばなりません。次にそれらをもとに準備書の記載事項に検討を加えた上で、評価書を作成、それに対して環境大臣が意見を述べ、その意見に基づき評価書の補正が行なわれて、アセスは終了します（資料の「環境影響評価法」参照）。

海の事業への姿勢やアセスの内容等につき、かなり厳しい意見が提出され、逆にそれは準備書の不十分性を証明することにもなりました。しかしＪＲ東海は最終的な評価書においても、こうした意見にわずかな対応をするにとどまり、若干の補正を加えたのち、二〇一四年十月一七日、国交省からＪＲ東海に対し事業計画が認可されるに至りました。

リニア新幹線のアセスは、多くの識者からアセス史上最悪と評価されています。それもそのはずで、総延長二八六㎞のアセスをたった三年間で終了したのですから、まともな調査などできるはずがありませんでした。リニアの〈建設ありき〉で、アリバイ証明としてなされたアセスであったと言え、法に従い手続きを踏めばよい、ということだったのでしょう。

（川村）

厳しい意見

たとえば山梨県では、「実験線での知見をどう活用したのかを示すべきだ」「トンネル掘削が小河川に与える影響を把握するため、事業着工前から調査を」など。長野県では「非常口数の削減などの見直しを」「最低限の基準を満たせばよいという姿勢は適切ではない」など。神奈川県では「車両基地の立地につき、具体的な事業内容を積極的に公表せよ」「河川流量の予測地が不確実である」など。また静岡市は「大井川上流の毎秒二トンの水量減少はあまりにも影響が大きいため、環境保全の具体策を講じよ」など、各自治体から出された厳しい意見は、枚挙に暇がないと言えます。

Q7 沿線都県の自治体はどのように対応していますか？

沿線自治体の多くは、リニア歓迎ムード。来県者や人口が増えて税収増が期待されるのでしょう。しかし、ストロー効果や環境破壊の懸念も払拭できません。

リニア新幹線に対する沿線自治体の対応は、都県レベルで言えばリニアへの期待感が強く、推進建設同盟といった団体を作って事業を進めています。しかし民間のＪＲ東海の事業ということから、事業者がこれまでの国主体の公共事業とは異なった主体であるために、少なからず戸惑いもあるようです。

自治体のリニアへのきわだった最初の反応は、まず駅舎建設の問題に表われました。駅舎は地下駅が二二〇〇億円、地上駅が三五〇億円と見積られ、この設置費用を全額地元の自治体が負担するとの計画でした。こうした形の駅舎建設は、従来の新幹線の建設ではあり得なかったものですから、各都県はすぐさま拒否の態度を表明し、その結果、ＪＲ東海は駅舎の自社費用による建設に方針を切り変えました。

ＪＲ東海が建設する駅舎

ＪＲ東海が駅に整備するのは、ホームと改札口、トイレなどです。切符売り場を設けないのは、全席事前予約制で、ＩＣ乗車券やスマホの活用を想定しているからです。駅員も削減されますので、高齢者や障害者は不便を強いられることになるでしょう。各自治体や住民からは不便だと不満の声が上がっていますが、ＪＲ東海の方針に変更はないようでしかしJR東海が建設する駅舎は、待合室も切符売り場も売店もないというもので、それらは地元自治体が補完しなければなりません。このように自治体とJR東海との関係は、リニアに来てほしい自治体としては、県税を投入してもやむを得ないとする部分もあるようです。すでに実験線が走っている山梨県では、かつて「リニアモーターカー実験線貸付金」という名目で、一三四億円を鉄道総合研究所に無利子、無担保で貸付けましたが、営業線開始後二十年で償還するということになっており、貸付利子分だけ県税が減収ということになっています。

また各都県においては、軌道建設や残土処理場の用地の取得について全面的に協力することになっており、JR東海の子会社的役割を果たしてもいるのです。

一方、リニア建設によって起こる環境破壊については、アセス途上において厳しい知事意見が出されています（Q6参照）。全体に調査不足や具体性に乏しいという意見が強く、最終的に提出されたアセスの評価書においても、それらが十分に反映されたとは言い難いものでした。

では市町村レベルの自治体はどうでしょうか。市町村はおおむね県レベルの意向に沿うところが多いのですが、受ける被害状況により温度差があります。従って不足の部分は、自治体が整備せざるを得なくなると考えられます。常識的に見れば、乗客へのサービスに欠けるということになるのではないでしょうか。

用地の取得

JR東海と沿線都県は、「中央新幹線（東京・名古屋市間）に係る用地取得事務の委託に関する協定」を結んでいます。これは両者が、リニア新幹線の用地取得について相互に協力して進めることを目的としたもので、用地取得実施のための費用がJR東海から都県に支払われることになっています。事務費は人件費と調査費から成り、山梨県の場合は約一五億円が示されています。簡単に言えば、各都県の自治体職員が、JR東海の出先機関の社員として働くということになるわけです。

るのも事実です。たとえばリニア新幹線の停車駅がなく、南アルプスのトンネル掘削によって大井川の水量が毎秒二トンも減少すると言われている静岡県では、静岡市議会がエコパーク南アルプスの自然環境の保全や、大井川の減水が住民の生活や生態系にどのような影響を及ぼすのか徹底した調査を求める決議を採択しています。

また狭い村内の道路を一日最大一七〇〇台もの残土運搬車が走り、三〇〇万㎥もの残土が発生する長野県大鹿村では、少なくとも住民参加型の村政に替えようと、村長選挙に挑戦する住民も現れました。結果は期待通りにはなりませんでしたが、リニアをきっかけとして自治体じたいを見つめなおそうとしているところもあります。

いずれにしてもリニアの恩恵と被害を天秤にかけて、自治体はこれからもＪＲ東海と向い合っていかなければなりません。（川村）

プロブレムQ&A

Ⅱ どんな問題があるのでしょうか？

Q8 エネルギーはどれくらいかかるのでしょうか？

リニアはスピードを追求することから本質的にエネルギーを消費します。議論が重ねられましたが、実際のところ電力浪費は免れないようです。

　ＪＲ東海は、リニアの電力について在来型新幹線の三・五倍（東京〜大阪間で、約原発一基分）と発表しています。

　これに対して専門家の計算では四・五倍という数字が出されています（下表）。条件によってはもっと大きな消費量になります。阿部修治氏（産業技術総合研究所元研究員）は「エネルギー問題としてのリニア新幹線」（二〇一三年）をまとめています。

　かつてリニア山梨実験線の建設が始まる頃、リニアのエネルギー消費について朝日新聞の論壇で論争がありました。元国鉄技師でリニアの提唱者であった川端俊夫氏は、宮崎実験線の消費電力から計算し「新幹線の四〇倍の電力消費」であるとしてその浪費を批判しました。

　これに対して鉄道総合技術研究所の尾関雅則氏は「東京〜大阪間のシス

新幹線とＪＲリニアの走行距離・座席あたりの消費エネルギー比較

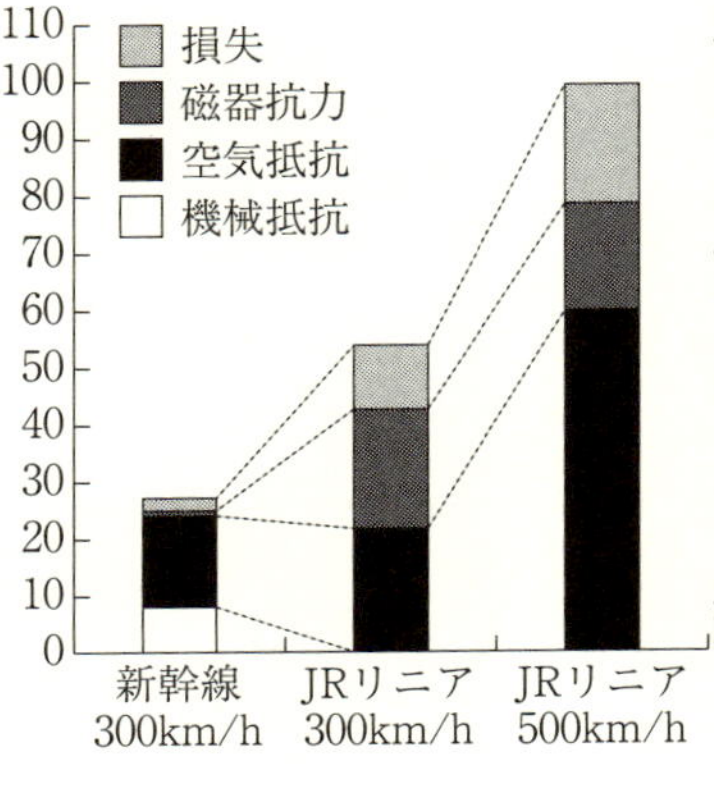

（出典）月刊『科学』二〇一三年十一月号より

テム設計では、新幹線の三倍を計画している」と川端氏に反論しています。この中で尾関氏は、川端氏の計算はすべて瞬間最大消費電力（キロワット）の数字から計算されており、全電力消費量について計算されたものではない、というのです。比較の基になるのはピーク電力なのか全線ならしの消費量なのか、という相違が数値の違いになっていました。この論争の正しい答えは「電力設備はピークに合わせて建設される」ということからピークを元にした計算、つまり川端氏の四〇倍のほうが正しいということになります。

その後実用線の計画も定員を増やし一編成一四両一〇〇〇人となっています。

阿部氏の計算での比較は定員一人を一km運ぶのに必要なエネルギーでされています。東海道新幹線は一編成の定員が一三〇〇人で、輸送力という点で基本的に劣っているということです。

また、東海道新幹線で品川〜名古屋間は三三五km、中央新幹線では二八六kmに短縮されるが、山岳地帯を通るためにかなりの急勾配があり、この抵抗によってエネルギーが増える、ということになります。この二つの効果はほぼ相殺してしまうだろう、と阿部氏は述べています。

阿部修治

物理学者。専門は物性理論。元独立行政法人産業技術総合研究所首席評価役。

未開拓だったナノテクノロジー分野での研究でも多くの成果を生み出しています。

技術と社会の問題にも関わり、日本物理学会誌に寄稿した論文の中で、地球温暖化について、自然現象との言説に反論し、技術者・研究者の責任は重いと指摘しています。

『エネルギー問題としてのリニア新幹線』阿部修治

月刊『科学』Vol.83, No.11 (2013) pp.1290-1299 掲載（岩波書店、二〇一三年）

仮に三・五倍であってもエネルギー使用が大きすぎると言うのに十分です。そもそも東海道新幹線のスピードは普通の電車に比べると三〜四倍の電力を要していて、そのまた三〜四倍のリニアということは移動のエネルギーとしては、九倍〜一六倍の電力を要するということです。

着工してから、山梨ではリニア用の新たな高圧送電線の建設計画が、東京電力パワーグリッド株式会社から住民に資料が示され明らかになりました。一五万四〇〇〇ボルト高圧送電線が四一kmにわたり鉄塔一二七基が新設、そして建て替えが一八km、鉄塔六〇基というものです。

高圧送電線は都留市から笛吹市、大月市、甲府市などを通過し富士川町に至ります。変電所は、新たに都留、境川、山梨県駅、そして富士川町の高下《たかおり》の四カ所に新設され、すでにある東山梨変電所につながるという計画になっています。ここからは一〇〇万ボルト超

山梨の高圧線建設計画図

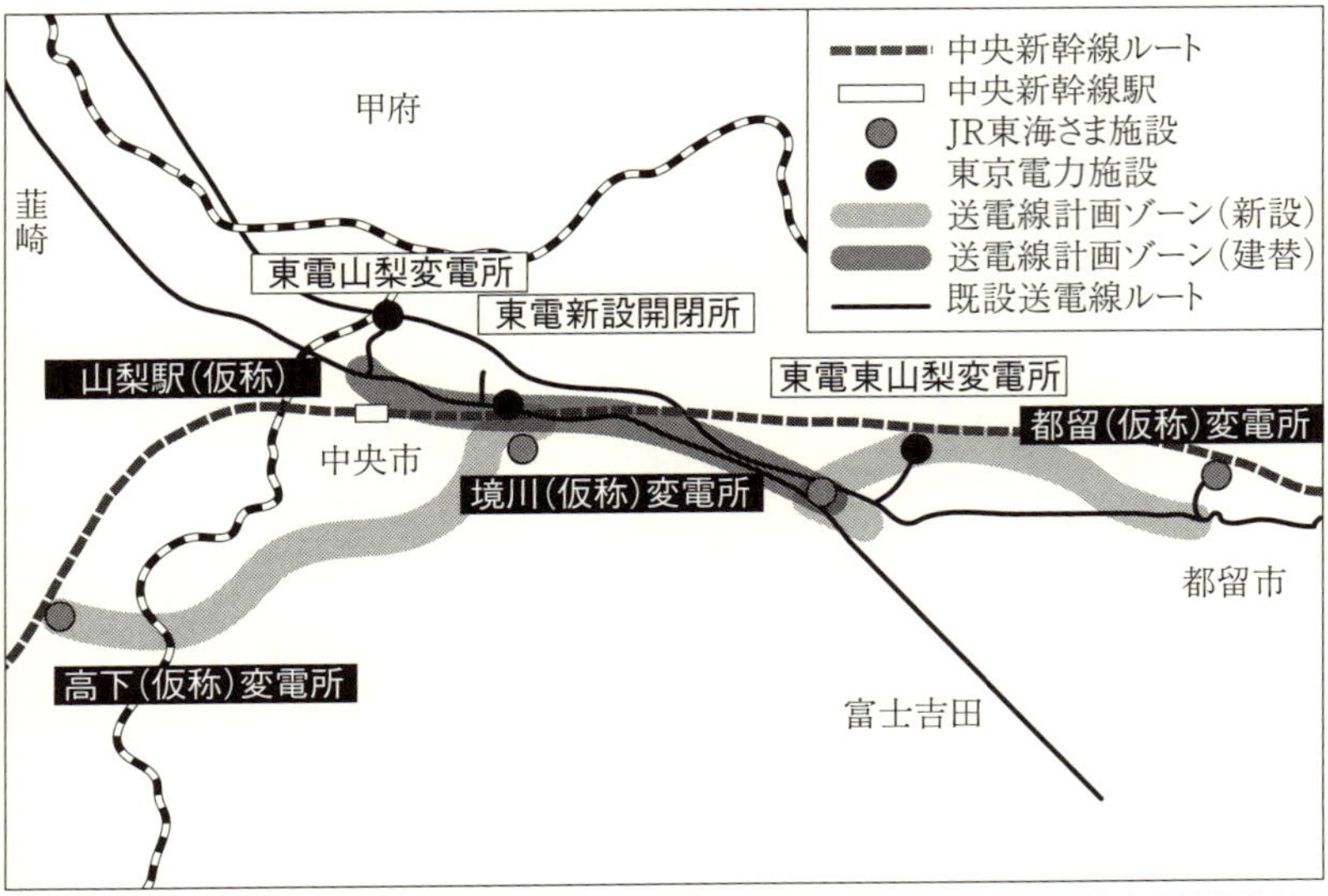

※図中の東電は東京電力の略。　　出典）東京電力パワーグリッド株式会社資料より

高圧送電線が柏崎原子力発電所につながっています。

結局リニアは冷凍機を積んだ重い車体を浮上させ、冷凍のためのエネルギーを余計に使用し、スピードによる空気抵抗の増大、そして効率の悪いリニアモーターを使用してしまうことでエネルギー浪費の乗り物であることを免れることはできないのです。

（懸樋）

Q9 磁界（電磁波）の強度はどのくらいでしょうか？

リニアは磁界が強ければ健康影響が心配になります。乗客や乗員、近隣住民にとって数値は、正しく示されているでしょうか。基準に対してはどうでしょうか。

リニアは四〇〇マイクロテスラ（μT）

ＪＲ東海は二〇一三年十二月五日、山梨実験線でリニアの磁界の測定を公開し、結果を報告しました。その数値は、車内の床上高さ三〇センチの位置で〇・四三mT（ミリテスラ）、一メートルの位置で〇・三七mTなどとなっています（表1）。

これらの数値はどれだけのリスクがあるのか、それを検証する前にこの測定値公表が必要な情報を伝えているのかどうか、見てみる必要があります。

表1を見ると、数値が％で表わされている部分があります。また×印が記されていて数値が出ていない箇所もあります。最も肝心な数値がわざわざ消されているのです。なぜ数値は出されていないのでしょうか？　これ

磁界の単位
μT：マイクロテスラ
mT：ミリテスラ
mＧ：ミリガウス
一mT＝一〇ガウス
一μT＝一〇mＧ
一テスラ＝一万ガウス

では、リスクのありなしを確認することができません。JR東海はこれ以前から「磁界の影響については全く問題ありません」と説明していました。また磁界はその周波数によってリスクが変わるので経済産業省の基準値も周波数に対応した数値が決められています。しかしJR東海の公表の数値は、それに適合しているかどうか不明になっています。

JR東海はこの測定値について国際非電離放射線防護委員会（ICNIRP）のガイドラインを引き合いに出します。それに合っている、としてその基準値に比較してのパーセントの数字を出しているのですが。何を何で割って出した数値なのかわからなければ検証のしようもありません。

このミリテスラ（mT）という単位はマイクロテスラ（μT）の一〇〇〇倍に相当します。長期に被曝した際にリスクが指摘されているレベルは〇・三〜〇・四μTです。

つまり単純にこの数値だけを比較すれば、リスクのある強さの一〇〇〇倍の数値が測定されている、ということになります。ただしこれは周波数について交流電流から生じる磁界の場合である五〇ヘルツを前提としての比較になります。仮に地磁気や棒磁石のような周波数のない磁場、つまり静磁場であれば基準値は大きくなるので測定値は基準値からは大きく下回

表1　車内（客室、貫通路）測定結果

複数回測定したデータの最大値を記載

<table>
<tr><th>測定
高さ</th><th>位置
条件</th><th>車内
貫通路</th><th>車内
客室1</th><th>車内
客室2</th><th>ICNIRP
ガイドライン</th></tr>
<tr><td>1.5m</td><td rowspan="3">停車時測定値
静磁界
（測定機器1）</td><td>0.44mT</td><td>×</td><td>0.31mT</td><td rowspan="4">400mT
（静磁界）</td></tr>
<tr><td>1.0m</td><td>0.81mT</td><td>0.05mT</td><td>0.37mT</td></tr>
<tr><td rowspan="3">0.3m</td><td>0.92mT</td><td>0.04mT</td><td>0.37mT</td></tr>
<tr><td>走行時測定値
（測定機器1）
※変動磁界成分は下段参照</td><td>0.90mT</td><td>×</td><td>0.43mT</td></tr>
<tr><td>走行時のICNIRPガイドラインに対する比率の測定結果（測定機器2）</td><td>×</td><td>3,2%</td><td>3.3%</td><td>—</td></tr>
</table>

ることになります。ですから周波数の明らかな実測値が必要なのです。

ＷＨＯの下部機関でもある国際がん研究機関（ＩＡＲＣ）は磁界について二〇〇一年「発ガンの可能性あり」と分類しました（表２）。そして「〇・三～〇・四マイクロテスラ（μT）以上の商用周波の磁界の慢性被曝が、小児白血病のリスク上昇と関連していることを疫学研究は一貫して見出している、と報告しています。

このことについてＪＲ東海は準備書にも引用していますが、それを否定する書き方をしています。しかし世界各国でいくつもの疫学研究がされており、それらからＩＡＲＣは、高圧線などの電力設備による電磁波の健康リスクについて発ガンの可能性があると認定しているのです。

（懸樋）

表２　ＩＡＲＣの発がん性リスク一覧

	カテゴリー	証拠	物理・化学的実体
1	人体での発がん性あり	ヒトについて十分な証拠がある	アスベスト、ベンゼン、ホルムアルデヒド、ラドン、ガンマ線、紫外線、アルコール飲料、喫煙など107種類
2Ａ	おそらく人体での発がん性あり（可能性が高い）	ヒトについて証拠は限られていて、かつ、動物について十分な証拠がある	クロラムフェニコール、ＰＣＢ、ディーゼルエンジン排ガス、トリクロロエチレン、など59種類
2Ｂ	人体での発がん性があるかもしれない（可能性がある）	ヒトについて証拠は限られていて、かつ動物について必ずしも証拠は十分でない	黒炭、鉛、クロロフォルム、DDT、極低周波磁場、高周波電磁場、パラジクロロベンゼン、コーヒー（膀胱がんのみ）、など266種類
3	発がん性があると分類できない	ヒトについて証拠は不十分であり、かつ、動物について証拠は限られているか不十分である	石炭塵、極低周波電場、静電場、静磁場、カフェイン、蛍光灯、水銀、サッカリン、茶、など508種類
4	おそらく人体での発がん性はない	ヒトについて発がん性がないことが示されている	カプロラクタム（ナイロンの原料）のみ

Q10 磁界のリスクとその基準はどうなっていますか？

リニアの磁界には健康への悪影響がありますか？ これまでの研究、そしてそれを受けての基準を基に、国内外での議論と現状からリスクを見てみましょう。

文部科学省の予算で実施された国立環境研究所の研究報告『兜研究』は〇・四μT以上の被曝で小児急性リンパ性白血病が二・七三倍、小児脳腫瘍が一〇・六倍にもなっていた、というものでした。この報告は二〇〇六年八月に国際的な専門誌『インターナショナル・ジャーナル・オブ・キャンサー』に掲載されました。そして〇七年六月にはＷＨＯの環境保健基準でもその内容が詳しく報告されています。

しかしその結果を日本の政府は無視し、あるいは葬り去ってきました（この経緯については『告発・電磁波公害』松本健造著、緑風出版に詳しい）。また、読売新聞（二〇〇六年十一月十九日）にも「葬られた疫学からの警鐘」として解説されています。

こうした中で、経済産業省・原子力安全保安院は二〇一一年三月三十一

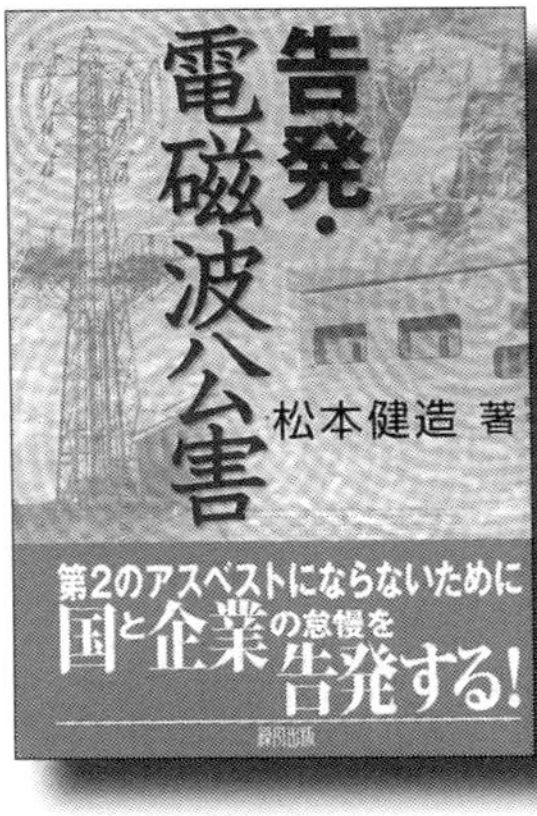

『告発・電磁波公害』松本健造著、緑風出版、二〇〇七年）

日に「電気設備に関する技術基準を定める省令」を改正、高圧線、変電所など電気設備から生じる超低周波磁界の規制値を、二〇〇マイクロテスラ（μT）以下と定めました（二〇一一年十月施行）。

この前の年に国際非電離放射線防護委員会（ＩＣＮＩＲＰ）がガイドラインの数値を緩めています。その甘くなったガイドラインに合わせて経済産業省の基準値も二〇一一年三月に定められたわけです。しかしこのとき原子力安全保安院は生死をかけた福島原発対策に夜も眠れない忙しさだったはずです。当然ながら基準値についてマスコミ報道もありませんでした。

こうした低いレベルでの電磁界の健康リスクに関して、国交省も一切検証を行なっていません。

そしてＪＲ東海はなぜかこの経済産業省の定めた基準値を説明に使用せず、ＩＣＮＩＲＰのガイドラインを使っています。

二〇一三年十二月の「測定値公表」以前には具体的な実測値の数値も出されていませんでした。国土交通省中央新幹線小委員会が二〇一一年五月にまとめた報告にも数値はありません。書かれていることは「これまでの技術開発の結果、車体への磁気シールドの設置など磁界の低減方策を取ることにより、磁界の影響を国際的なガイドラインを下回る水準に抑制する

ＩＣＮＩＲＰ

ＩＣＮＩＲＰとはＩＣＲＰ（国際放射線防護委員会）から生まれた組織です。原発などの放射線の基準値も原子力業界のために設定されていることは、今は周知のこととなっています。ＩＣＮＩＲＰもこれと同様のとらえ方ができます。つまり電力業界などの事業活動に都合のよいように作られているもので、住民の命と健康を守るための基準ではないのです。

二〇一〇年にＩＣＮＩＲＰは、九八年の一般公衆のガイドライン一〇〇μT（五〇Hz）と八三μT（六〇Hz）から二〇〇μT（五〇、六〇Hz）に緩和しました。

ことは可能……」として、数値のわからない折れ線グラフだけがだされていました。

私たちの生活環境には電磁波や磁界の発生する電気機器がたくさんあります。リニアと同様の磁界が発生するものにテレビ、ホットカーペット、電磁調理器、炊飯器などの電気製品、外には送電線、変電所などです（携帯電話や電子レンジで使われているのは高周波になるので種類が異なります）。

磁界は距離によって減衰しますので、これらの機器のなかで離れて使うことができるものなら電磁波を浴びないで、また浴びる時間を極力抑えることは可能です。

しかし、距離をとれないホットカーペットや携帯電話などでは浴びる量は強くなります。そこでリニアはどうでしょうか。客席に座った場合の磁界の数値はすでに書いてきましたようにかなり強いものです。離れることはできないので強い磁界を浴びたままになります。

（懸樋）

Q11 電磁波対策はどうなっていますか？

乗客に磁界が及ばないようにするためシールドには鉄が使われます。この磁界シールドはどのように設置されているのでしょうか

JR東海の報告では「磁気シールドにより磁界の影響を低減する」ということになっているようです。しかし報告書を見ても、シールドの材料の厚さ、重量、肝心のどれだけ遮蔽効果があるのかの数値は一切書かれていません。わかっているのは下図のような形状が示されていて、材料が「鉄である」ということだけです。

方法書には「基準値の達成が可能な技術が確立している」と書かれていますす。リニア車両の中でコイルの配置や設計で磁界の低減が図られたことを指すのでしょう。しかしその説明がまったくないのです。

磁気シールドの概念図に基づき遮蔽効果について、また厚さなどについて説明会で問い質しましたが答えはありませんでした。

これでは安全のための基本的な数値も検証のしようもありません。シー

「方法書」に記載されている「車内への磁気シールド設置の概念図

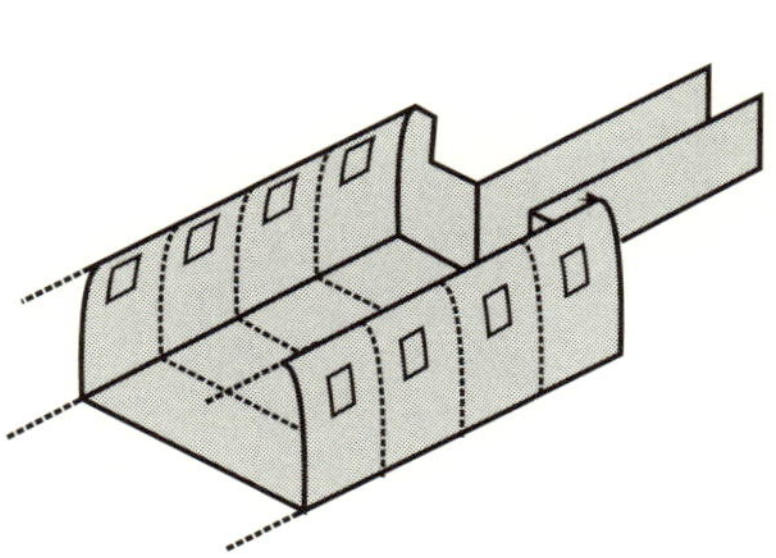

資料：交通政策審議会陸上交通分科会鉄道部会　中央新幹線小委員会（第２回）資料

ルドのない状態での数値とシールドされた場合の数値を比較して遮蔽効果を確認し、さらに実用車輌の数値が安全であることの確証を得る必要があります。

山梨実験線の建設がまだ始まる前のこと、九〇年初めごろに山梨で記者発表された「車内磁場測定結果」の下表があります。宮崎実験線でのデータだと思われますが、それには遮蔽板を使用した場合としない場合とが記されています。

車両中央部の座席上で、遮蔽しない場合、〇・〇九六mTということは九六μT＝九六〇ミリガウスとなっています。これを遮蔽した場合〇・〇六四mT（六四μT＝六四〇ミリガウス）に減っていますが桁は同じだから減り方がこの程度だとわかります。

車内で最大なのは、台車近くの座席では二・六九七mTで、これを遮蔽すると〇・三八二mTに減少するということですから七分の一になったことになりま

車内磁場測定結果（宮崎実験線のデータより）

測定場所	遮蔽しない場合ⓐ	遮蔽した場合ⓑ	ⓒ（ⓑ／ⓐ）	減少効果（100-ⓒ）
車両中央部座席				
床から1m	1.16G	0.88G	75.86%	24.14%
座席上	0.96G	0.64G	66.67%	33.33%
床から10cm	1.12G	0.58G	51.79%	48.21%
車両中央部通路上				
床から1.5m	0.90G	0.89G	98.89%	1.11%
床から10cm	1.05G	0.83G	79.05%	20.95%
台車近くの座席				
床から1m	16.56G	4.29G	25.91%	74.09%
座席上	26.97G	3.82G	14.16%	85.84%
床から10cm	17.64G	10.61G	60.15%	39.85%
貫通路上				
連結面から1.4m、床から1.5m	1.34G	2.06G	153.73%	増53.73%
床から10cm	18.41G	3.66G	19.88%	80.12%
連結面から2.4m、床から1.5m	1.53G	0.63G	41.18%	58.82%
床から10cm	127.20G	13.31G	10.46%	89.54%

す。ここは遮蔽しない場合、なぜか床から一〇センチの位置では座席より値が低くなっています。つまり遮蔽は思惑通りにはできていないのです。

これらの数値が二十五年以上経過した山梨実験線において、その進歩した技術によるシールド材でどのように向上し、低減されたのか、あるいは同様なのか、情報がきちんと公開されることで、はじめて安全性が確認されるわけです。

こうした遮蔽の効果の実際から見えるのは、〈強い磁界を大幅に低減することは大変困難である〉ということです。

もしシールド材がしっかり機能してとりあえず基準値をクリアできたとき、車体の重さは電力の消費量を引き上げてしまうかもしれません。そこで軽いシールドにして、電力を低く計算することも「可能」になります。

電力消費と磁界、この相容れない二つの課題があり、数値を公表したら大変な問題が明確になってしまうから公表されないのか、と勘ぐりたくなります。

ですから、「基準値」以下で安全、というJR東海や国交省の言い分をそのまま受け取るわけにはいきません。実際リニアの計画が進められるに従ってこれに合わせるかのように基準値が甘くなって推移してきたのです。

リニアの磁界

リニアはN極とS極を高速で繰り返すことによって推進力をもたせることから強力な変動磁界が発生することになり、その周波数もスピードが増すに従い高くなっていくはずなのです。しかしどのような周波数の磁場の数値が出るのか、データが出てこないので不明という状態です。JR東海はリスク論争は徹底して避けているので、過去のデータを使って問うしかありません。

リニアの磁界が大丈夫だということであれば、この強さ以下のすべての電気機器が安全であるということにされることでしょう。

そうした意味でもリニアはたとえ乗らなくても、私たちの電磁波環境を安全な方向に向かわせず、ますます悪化させる乗り物だと言えるでしょう。

（懸樋）

Q12 地震のときトンネルはどうなるでしょうか？

確かに日本の新幹線は開業以来これまで五十年間、死亡事故、重大事故はないようにみえます。しかし高速走行中に直下型地震があればどうなるのでしょうか。

二〇〇四年十月、新潟中越地震（マグニチュード六・八）の発生により、上越新幹線「とき325号」が脱線事故を起こしました（以下は島村英紀教授の記事より編集）。

上越新幹線は脱線しましたが、それでも奇跡的に大惨事《だいさんじ》を免れました。それは次のような理由によるものでした。

(1) 新潟県長岡駅に停車するために減速中で、フルスピードではなかった。

(2) 現場の上下線の間にある豪雪《ごうせつ》地帯にしかない排雪溝にはまり込んだまま滑走したこと。

(3) 現場の線路がカーブしていなかったこと。

(4) 現場が高架だったためにレールのすぐ脇がコンクリートだった。

島村英紀（しまむら・ひでき）

武蔵野学院大学特任教授。一九四一年、東京都出身。東大理学部卒、東大大学院修了。理学博士。東大理学部助手を経て、北海道大教授、北大地震火山研究観測センター長、国立極地研究所所長などを歴任。『直下型地震　どう備えるか』（花伝社）など著書多数。

(5) 対向列車がなくて正面衝突をしなかった。

(6) わずか三分前には長さ八六二四メートルの魚沼《うおぬま》トンネルをフルスピードで駆け抜けていた。地震で魚沼トンネル内はめちゃめちゃになった。レールの土台が二五センチも飛び上がり、一メートル四方以上の巨大なコンクリートが壁から多数落ちたほか、トンネルの各所が崩壊していた。

この「とき325号」は新潟県長岡駅に停車するために減速中で、フルスピードではありませんでした。そのうえいくつもの幸運が重なったのです。現場の上下線の間にある豪雪地帯にしかない排雪溝にはまり込んだまま滑走したことも、現場の線路がカーブしていなかったことも、現場が高架だったためにレールのすぐ脇がコンクリートだったことも、対向列車がなくて正面衝突をしなかったことも幸いだったのでした。

東日本大震災（二〇一一年）でも新幹線が仙台近くで脱線しました。これも運良く、乗客は乗っていない試運転中の列車でした。

二〇一六年四月十四日の熊本地震では回送中の九州新幹線が脱線しました。新幹線の脱線事故は、一九六四年の東海道新幹線開業以来、四件目となります。

国土交通省やJR九州によると、脱線したのは「つばめ」として走る800系。十四日午後九時二十五分ごろ、回送列車として熊本駅から南の熊本総合車両所に向けて出発し、約一分後に強い揺れに襲われました。当時、時速八〇キロで走行し、運転士が非常ブレーキをかけましたが、六両全てが脱線しました。

六両にある全二四車軸のうち、二二軸が脱線。脱線の方向は左右ばらばらで、台車も損傷していたのでした。レールなどの傷痕から走行中に脱線したとみられるということです。

阪神淡路大震災が起きたのは、新幹線が走り出す十四分前の朝五時四十六分でした。地震には耐えるはずだった新幹線の鉄道橋がいくつか落ちましたので、もし新幹線が走っている時間帯だったら大事故になったに違いありません。

一九三〇年十一月に発生した北伊豆地震で、当時工事中だった東海道線丹那《たんな》トンネル内に二・一mの左横ずれ地震断層が出現しました。地下は地震に強い、という話もありますが、このような断層のズレが生じると完全に塞がれてしまいます。

日本のどこでも直下型地震が起こりえます。また「緊急地震速報」は直下型地震では間に合いません。新幹線はいままではあまりにも幸運だったのです。しかし、これからも運がいいとはかぎりません。

リニアが超高速走行中に大地震が起きればどういうことになるでしょうか。トンネル内では避難もままならず、惨事は避け難いと言ってまちがいないでしょう。

（懸樋）

Q13 活断層や大鹿村を掘り抜けて大丈夫ですか？

ルートの長野県大鹿村周辺には活断層の赤石構造帯があります。そして激しい隆起活動をしている場所ですが、そんな所にトンネルを掘って大丈夫なのですか？

ＪＲ東海は二〇一七年七月長野県大鹿村でトンネルを掘り始めました。二五kmに及ぶ山岳トンネルは、多くの活断層を通過します。大鹿村には中央構造線が走り、赤石構造帯があります。活断層を横切り、南アルプスの主稜線を貫通する全く未経験の大深度トンネル工事はどのような工事になるか誰にも予想することもできません。場合によっては、工事費用と年数がＪＲ東海の計画より二倍から二・五倍は必要だとも言われています。これではＪＲ東海の経営は破綻してしまうでしょう。

地山圧力《じやまあつりょく》から受けるトンネル断面への変形にも絶えず対応しなければなりません。

地表からトンネル天井までの土の厚さを表わす土被《つちかぶ》りも一一〇〇ｍに達します。

大鹿村

映画『大鹿村騒動記』の舞台となった村。「日本一美しい村同盟」に加盟。ここで毎年上演されている村歌舞伎は四百年の伝統があり、重要無形民俗文化財に二〇一七年三月認定されたばかり。

トンネル工事

小渋川非常口トンネル掘削工事は平成二十九年七月に工事を着手し、平成三十七年十一月までの予定とされています。また除山非常口トンネル掘削工事は平成二十九年四月に着トンネルは多くの破砕帯《はさいたい》を通過します。土かぶり一一〇〇メートルの破砕帯岩盤とは全く未経験の世界です。分かっていることは、トンネルの断面は完全な〇型にしなければ山の重さを支えられないこと、またその材料・工期は予想外になることなどです。リニアトンネルの断面も〇型にすると工費はどうなることでしょうか。今、青崩峠の破砕帯でそのことが現実に起きています。

水は土や岩石と山の重さを支えています。一旦トンネルをあければ山体を支えている地下水は永久に抜け続けます。トンネルを放棄しても水は抜け続けます。影響は数十年後に地表の自然生態系を変えるかもしれません。山体は崩壊へと向かいます。このように土被り一一〇〇メートルともなれば、高圧水問題があり、これを避けることはできません。

崩れやすい地質帯

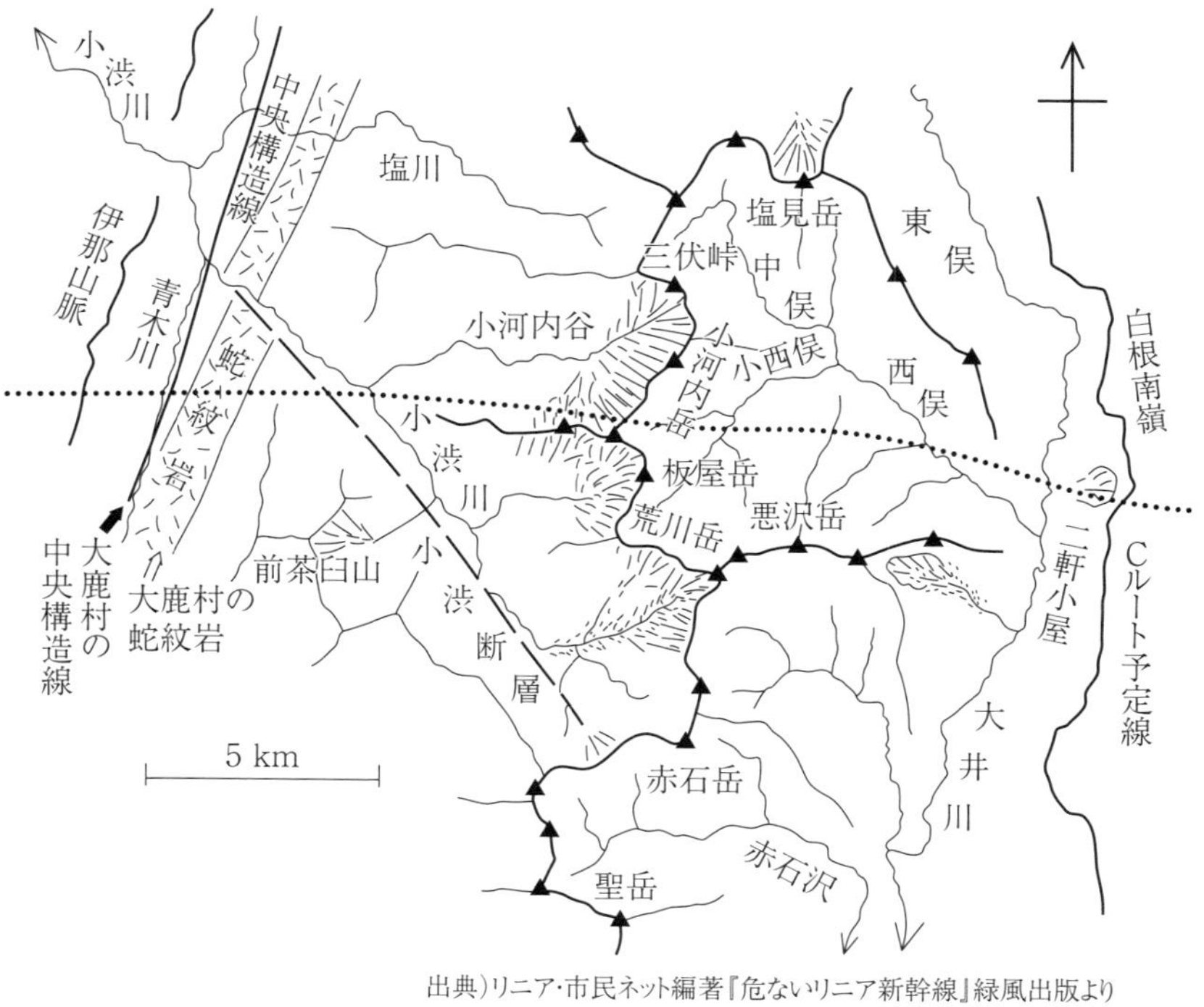

出典）リニア・市民ネット編著『危ないリニア新幹線』緑風出版より

大鹿村域にも多くの活断層があります。リニア路線の青木川の安康露頭の近傍では安康沢の河床礫を中央構造線が切っています。要注意の活断層であることの証拠だとされています。

この大断層とそれを産み出したプレートの活動が、この地域の山や谷や渓流を造りだしてきました。そして、今でも盛んに活動を続けています。この地域の谷は、こうした断層帯にできているため、大変弱くもろいのです。

リニアのトンネルは、断層が揺れ動くときに発生する強い揺れに耐えられるのでしょうか?

地震の時だけでなく、絶えず起きうる地すべりには、どう対処するのでしょうか?

南アルプスは年間四～六ミリメートルの隆起を続けています。南にあるフィリピン海プレートが、南海トラフから南アルプスを押し上げているからです。ですから、仮にここにトンネルを掘ったとしても、何年維持できるのか保証はありません。

大鹿村では、山体が大規模崩壊する大水害が昭和三十六年に発生しています（三六災害）。

手し、平成三十七年十一月までの工事予定となっています。

土被り

トンネルや暗渠《あんきょ》のように地中に埋設される構造物の上端から地表面までの土砂や岩盤の厚さをいう。土被り厚。http://park.geocities.jp/jigiua8eurao4/SouthAlps/liner-minamiarupusu1.html

三六災害

昭和三十六年六月の大水害（三六災害）は、梅雨期末期に発生した活発な集中豪雨により天龍川筋で泥流の海が出現し、扇状地や段丘上では土石流におそわれ、丘陵部や山地では斜面崩壊が一面に発生しました。土石流と山崩れにより全半壊家屋は一五〇〇以上、死者は一三六人におよびました。

リニアのトンネル路線近くでは、小河内谷や小渋川沿い、特に橋梁の架かる鳶ケ巣《とびがす》峡、青木蛇紋岩体において発生する危険性があります。

　そして出てきた残土についても大鹿村には捨て場所はありません（Q24参照）。残土運搬のためのダンプの通行ができるよう道路拡幅とトンネルも必要になっています。

　ＪＲ東海の残土処理方法は谷末端にコンクリートの谷止工（堰堤）を設けず、一般の道路の盛り土工法です。これで谷を埋めるとするものです。その後の災害発生等の責任は地権者だと言います。現在こうした谷や森林は「土石流危険区域」「水源保安林」「急傾斜地」等に指定されていますが、残土処理をすれば、指定は消え、県や自治体の法規制はなくなり、地権者の責任と

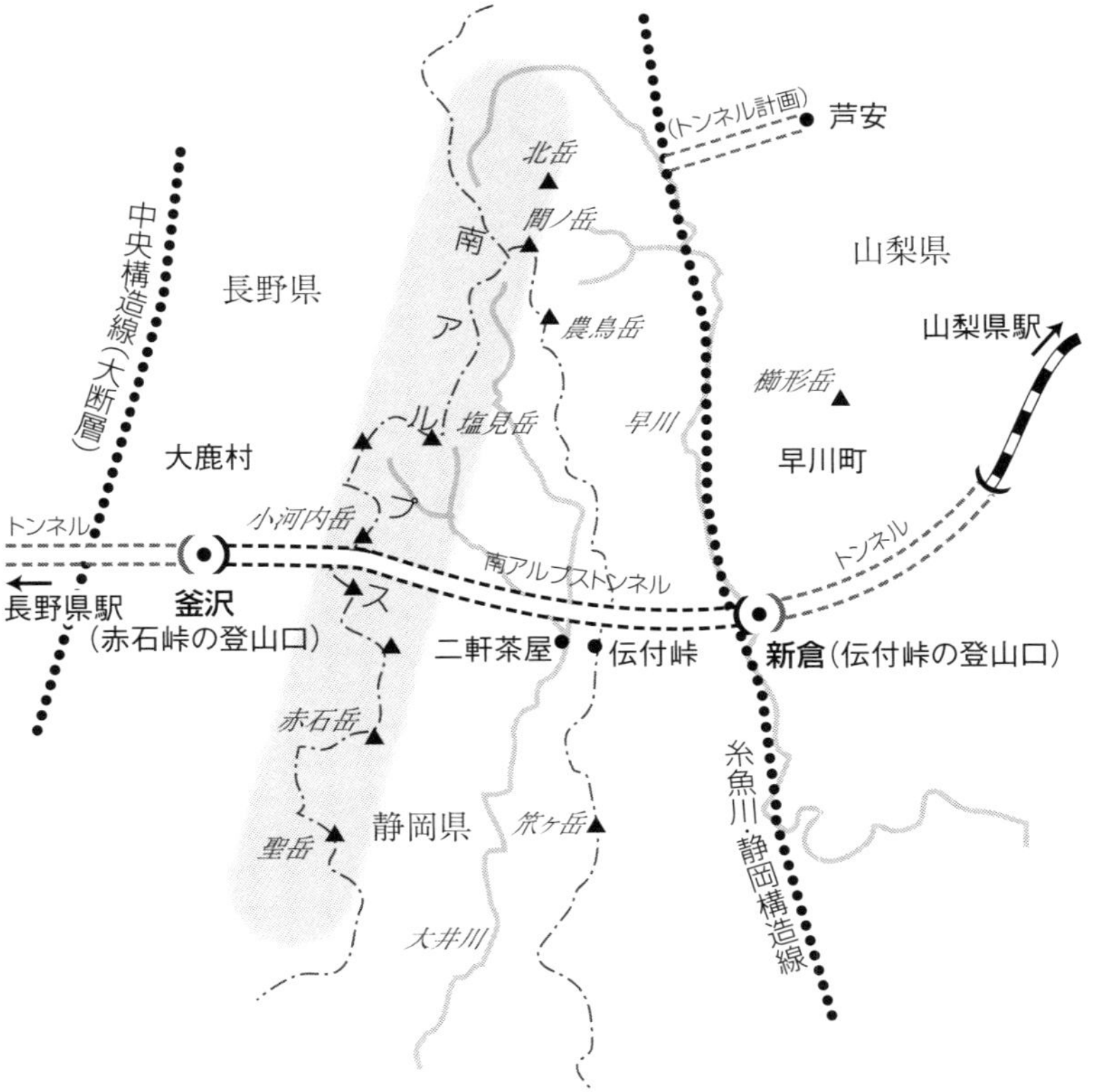

なってしまう可能性があります。

このように活断層もあり、残土捨て場もない谷間に、実際山体が崩壊して大災害を起こしている地域、その大鹿村にトンネルを開けてしまうことは危険極まりなく、日本一美しい村の景観も壊してしまうことでしょう。

（懸樋）

Q14 トンネル内で事故のとき避難はどうするのですか？

トンネルで事故が起きたら大惨事になることが大変心配です。過去にトンネル内での事故はどうだったのでしょうか。避難計画はどうなのでしょうか？

トンネル内で事故が起きた場合、乗客の安全が大変心配です。

中央リニア新幹線の計画ではルートのほとんどが大深度地下と山岳部の長大トンネルです。山岳トンネル区間では保守用通路及び斜路を避難通路として利用するとしています。大深度区間では、五～一〇kmおきに通気筒中にエレベーター等の昇降機装置が設けられます。

災害時、あるいは何らかのトラブルでトンネル内に長時間停止して運転再開ができないときどうなるでしょうか。南アルプストンネルでは経験も装備もない一般乗客が数百メートルを這い登らなければならないかもしれません。しかも外へ出ても無人の山中であり、冬期であればそこに留まるだけで生命の危険があります。救援の緊急自動車も容易に来ることはできない事態が生じます。

二〇一五年四月、青函トンネルで特急列車から煙が発生し、車内に充満、乗客一二四人が一・二キロを歩いて避難するという事故が発生しました。ここから得られる教訓は何でしょうか。

報道によると四月三日「午後五時一五分ごろ、北海道と本州を結ぶJR津軽海峡線の青函トンネル（約五四キロ）内で、函館発新青森行き特急『スーパー白鳥34号』（六両編成）の車両から火花が出て、緊急停止した。乗客一二四人と乗員ら五人が乗っていた。乗客は列車を降り、乗員の誘導で停止位置から約一・二キロ函館側の旧竜飛《たっぴ》海底駅に歩いて避難した。青森地域広域事務組合によると、七八歳と五〇代の女性計二人が体調不良で病院に運ばれた」（四月四日朝日新聞）とされています。

青函トンネル開業以来、乗客がトンネルから避難したのは初めてということです。

この事故で、トンネル内を歩いた乗客一二四人は、ケーブルカーで地上に逃れ、脱出完了まで五時間半余りかかりました。車掌が車内放送で、五号車から最も離れた最後尾へと乗客を誘導。乗降口にはしごがかけられ、乗客は荷物を車内に残して降り、地上への避難設備のある旧竜飛《たっぴ》海底駅をめざし、備え付けの懐中電灯を頼りに線路づたいに歩いた、ということです。

照明器具のない箇所もあるなか、停車場所から同駅まで直線で約一・二キロの距離を全員が着くまでに降車から約三十分かかったとのことです。

子どもや七十代以上の高齢者、体調の悪い人を優先して一五人ぐらいずつケーブルカーに乗り込み、一往復十七~三十八分かかる距離を九往復し、全員が地上に出るまでに車両の停止から約五時間半がかかったのでした。

もしトンネルに火と煙が充満していたら、そして、停車場所が駅からもっと離れていたら、さらにケーブルカーが動かなかったら、どうなったでしょうか。ぎりぎりで大惨事を免れたトンネル事故であったことがみてとれます。

またJR北海道では二〇一一年五月、北海道占冠《しむかっぷ》村の石勝線のトンネル内で特急が脱線して炎上。乗客・乗員二五五人のうち、煙を吸うなどして七九人がけがをした、という事故も発生しています。

リニアではトンネル内での事故の際にどのように乗客を避難させるかとの質問に対して、JR東海の説明は「お客様同士で助け合っていただきます」としています。

新幹線は開業して以来、「命にかかわるような事故は起きていない」と「安全」が自慢にされていますが、それは決して安全技術のおかげなどではなく、地震などによる大事故はいつ起こっても不思議ではありません。リニアはそれ以上にトンネル内での事故の際、乗客の人命に危険性が高い、ということは明らかです。

（懸樋）

Q15 フェイルセイフシステムとは何でしょうか?

鉄道では列車が電源を失うとブレーキが働くシステム、つまりトラブルに対して安全側に働くシステムが使用されています。さてリニアはどうでしょうか。

一九九一年当時リニアの実験線は宮崎にありました。この実験線で同年十月三日、車両が全焼する事故が起こりました。当時の車体は強化プラスチックでした。できるだけ車両を軽くして、浮上するエネルギーを少なくするためでした。プラスチックでは火がつけば一気に燃えて当然です。

火災の経過を当時の『宮崎実験線火災報告書』(六三頁下欄写真)などからまとめてみます。

まず、タイヤがパンクしたことがわかり、三人の職員が車両に乗り込み、速度を時速三〇キロに設定して走行させた。停止した地点から約一〇〇メートルの間を、止まったり、走ったりしながらきたところ、急にスピードがあがり、設定した時速三〇キロの四倍を超える時速一二二キロの速さで、九四九メートルの距離を暴走してしまった。指令所から緊急ブレーキをかけ、またタイヤについているディスクブレーキをかけた。現場にいた研究員があわてて中央指令所に連絡して、緊急停止させた。

この緊急停止の後、二度、自力走行を試みたが、ふたたび暴走しそうになり再度緊急停止させた。それから四分後（最初の停止から三十八分後）突如発火し、消火器で消そうとしたが火の回りははやく、全焼に至った、ということです。

このリニア宮崎実験線の炎上事故で分かったことは、ブレーキを多重に備えても暴走を止められなかったという事実です。

元鉄道技術研究所研究員の菅波任《すがなみつとむ》氏は、原発が「フェイルアウト」であると二十年以上前に指摘していました。「線路上の鉄道の技術はフェイルセイフになっている。故障などがあるとブレーキが作動し止まる方向にはたらくようになっています（下欄参照）」。しかし多重に防護を施したり、ブレーキを複数取り付けることでも事故を一〇〇％防止することにはならないのです。

一九八五年八月の御巣鷹山の日航機墜落事故のとき「フェイルセイフの機がなぜ？」と言われました。「二重、三重の安全設計がされており、一部分が破壊しても、亀裂《きれつ》が拡大して致命的な損傷にならない構造になって

フェイルセイフ

フェイル（故障）が起きてもセイフ（安全）側に作動するシステムのこと。鉄道では、車両のブレーキシステムがコンプレッサーで圧搾空気を作り圧力をかけない状態にしておき、空気を抜くとブレーキがかかる仕組みになっている。圧搾空気が通るエアホースが破れたり穴が空いたり、コンプレッサーが故障すると、空気が抜ける（大気圧になる）のでブレーキがかかる。こうした故障時に安全側（車両が止まる）に作動するシステムをフェイルセイフという。

いる。操縦系統が故障すると墜落するので、これも『多重防護』になっている」とされて絶対に事故を起こさないはずの機だったのですが、大惨事を招いてしまったのでした。この日航機は「多重防護」ではあるがフェイルセイフではなかった、ということになります。

二〇一一年三月十一日、福島第一原子力発電所は外部電源を失い、結局四基とも爆発に至りました。「五重の防護がされているので安全」と言われていたものがこの結果でした。

原発の安全PRでは「原子力発電所では、制御棒駆動用電源が失われても水圧または重力で自動的に制御棒が炉心に挿入され、原子炉の運転が停止されるシステムとなっている」と案内しています。

しかし、電源が失われると破滅的爆発事故に至ることは、ここで指摘を繰り返さなくてももはや誰にもわかることです。補助電源も含めた電源が失われれば制御不能に陥るシステムとは、フェイルセイフと言い得ないことが悲惨なかたちで実証されてしまったのです。

リニアが一〇〇％の安全を目標とすると、クエンチ現象などの防止のために余裕をとった過大な電力をつぎ込む必要が生じます。効率がいいはずの超伝導リニアは、安全確保のために余計な電力を要するという解決不能

宮崎実験線の炎上事故

なジレンマを持った技術だったのです。

菅波任氏は「巨大な技術、超高速技術、いずれも一〇〇%の安全が必須条件であるのにリニアはフェイルアウト、原発もフェイルアウトなのであると繰り返し語っていました（『リニア・破滅への超特急』柘植書房、一九九四年、参照）。

鉄道のレールの上で可能なフェイルセイフというシステムが、浮いて走行するリニアには適用できない、という本質的な安全上の相違があるということです。

（懸樋）

クエンチ現象

外部からの振動や熱により導線の一部で極低温が途絶え、超電導状態が失われることをクエンチ現象と呼ばれています

宮崎実験線ではたびたびこのクエンチを起こしています。

技術改良が重ねられ、山梨実験線では起きていない、とされていますが実際は起こっていて、完全になくすことが可能かどうかは不明と言わざるをえません（Q2参照）。

Q16 ドイツや中国のリニアはどうなっていますか?

ドイツのリニア「トランスラピッド」は実験中に環境問題や経済性について評価した結果、連邦議会が中止を決めましたが、その経緯はどうだったのですか?

ドイツではトランスラピッドが一九六〇年代から開発されて、一九八七年に三一・五キロの実験線が建設されていました。テイッセン、シーメンス、ダイムラー・ベンツの三社の共同開発企業体がベルリン〜ハンブルク間二九二キロに新線を建設する計画を政府に提出し、閣議で決定されたのです。

エムスランドの実験線は一九八三年に完成し、一九九三年には時速四五〇キロを達成しました。

当初、共同企業体の計画では、同区間の在来線の利用者の四倍の需要を想定していて、これに疑問を持った連邦議会は、九六年、特別立法で「磁気浮上鉄道需要法」を制定し、確実な需要予測の提出を義務づけたのでした。しかし、連邦議会は計画決定から六年後の二〇〇〇年、正式にベルリン～ハンブルク間のリニア計画中止を決定しました。

理由としては需要見通しが楽観的で信頼に欠けること、在来線や欧州各国を結んでいる国際列車との連絡・乗り継ぎが不可能であること、また騒音や電磁波の影響も指摘されました。

二〇〇六年九月二十二日午前九時半ごろ、ドイツ北西部ラーテンの実験線で高速走行中のリニアモーターカー「トランスラピッド」が軌道に止まっていた作業車に衝突しました。

事故は、遠隔操作で運転される三両編成のリニアモーターカーの一両目に作業車両が乗り上げる形となり、一両目が大破し、三一人の乗員のうち二三人が死亡したものです。時速一七〇キロで走行中だったとのことです。

（二〇〇六年九月二十四日付「朝日新聞」から）

この事故の一年半後二〇〇八年三月、企業体としても撤退することになりました。

中国ではトランスラピッドのリニアが浦東国際空港と上海市郊外を結んで二〇〇三年十二月に営業運転を始めました。最高速度は四三〇km／hですが、多くの時間帯は三〇〇km／h、で走行しており、出発から八分十秒で到着です。

この上海リニアの建設にかかった費用は日本円で約一〇〇〇億円と言われています。国家発展改革委員会の官僚が「上海リニアの運賃収入は年間に約一億元（日本円約一六億円）しかない。これでは建設費の元本を償還するだけで百年かかる」などと発言したりしています。

二〇〇七年には、三年後の二〇一〇年の上海万博に向け延長計画を進めようとしましたが、騒音や電磁波による健康被害を心配する住民が反対運動を展開、当局は地元メディアを通じ、「社会秩序を守るように」と呼びかけ、沈静化をはかったものの、結局万博には間に合わず、計画は中断しました。一向に工事は始まらないばかりか、計画そのものが事実上の中止に追い込まれているようです。

同じ二〇〇七年五月二十七日付の北京『新京報』という新華社系の新聞報道によると、上海市政府の高官は「計画はすでに中止された。具体的な理由はわからない」とコメントしているということです。

また、二〇〇六年八月、浦東国際空港を発車直後、車内から出火する事故が発生しています。けが人は出ませんでした。予備報告書では電気的な問題が原因であると推定されています。

上海リニア路線図

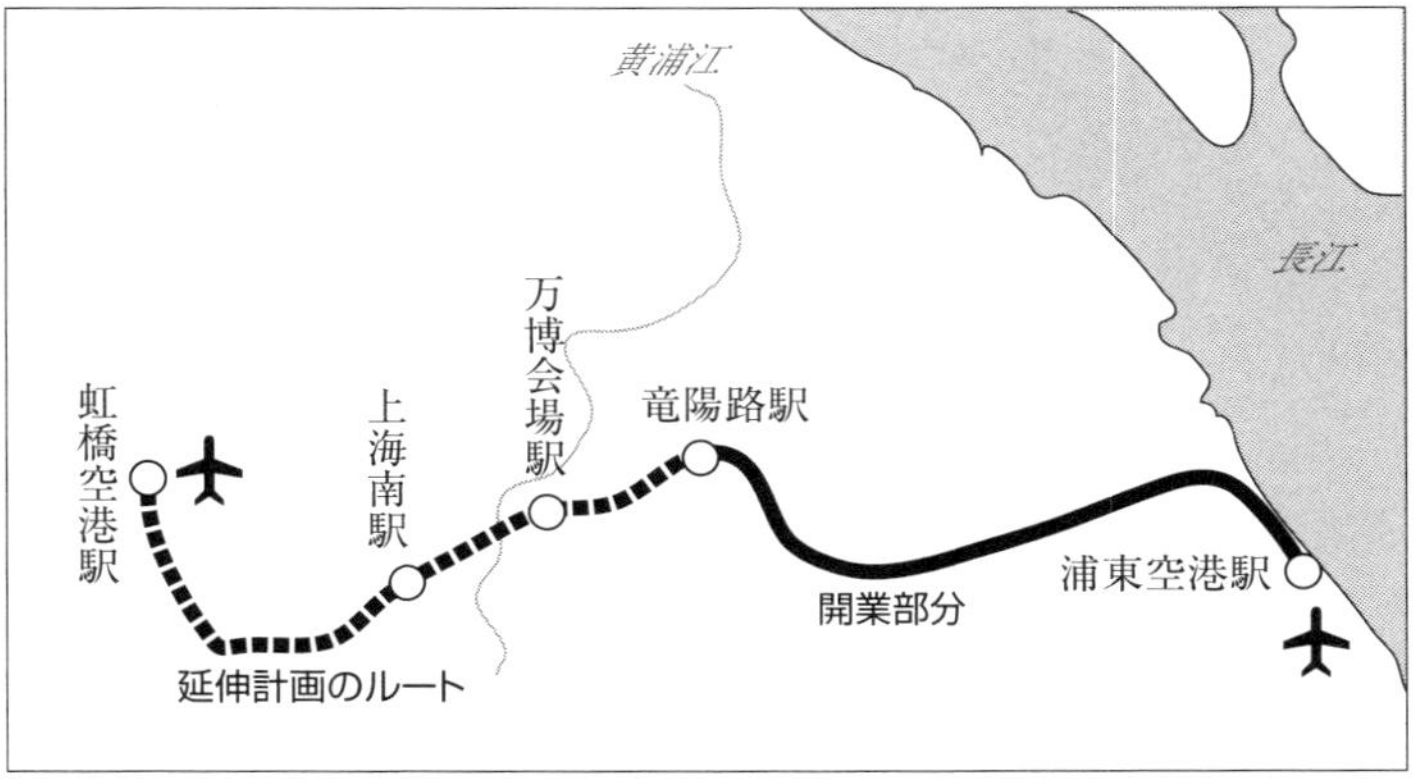

出典）『朝日新聞』二〇〇八年一月十六日付け

こうした状況もあって、中国の現在の空港リニアだけでは採算のメドが立たないことは明らかですし、「実現しているリニア」とは言えない状態なのです。

（懸樋）

Q17 建設費に問題はないのでしょうか？

JR東海は、リニアの東京〜大阪間の建設費約九兆円をすべて自社費用で賄うとしています。しかし本当にそれで間に合いますか。そして問題はないですか。

JR東海が公表しているリニア新幹線の建設費は、東京〜名古屋間が五兆四三〇〇億円、名古屋〜大阪間が三兆六〇〇〇億円、計九兆三〇〇〇億円です。ちなみに他の大規模な交通インフラと比較すれば、東京湾横断道路が一兆四四〇九億円、関西国際空港が二兆四一五〇億円ですから、リニアがいかに巨大な開発事業であるか、よく分かると思います。

しかし一九八〇年代後半にJR東海が発表したリニア建設費の試算は三兆円で、それが次第に五兆円（九〇年代末）となり、九兆円となっていきました。それはリニアの開発研究を進めていく中で、ガイドウエイのような付帯施設や車両の費用がどんどん膨らんでいったからだと言われています。そして結局九兆円ということになったのですが、これを一kmあたりの単価に直すと、計画ベースで二〇六億円となり、他の整備新幹線の三倍近

巨大な開発事業

九兆円という建設費は、あまりにも常軌を逸した投資額と言えます。過剰な初期投資は、のちのちリニアの採算性に大きな縛りをかけることになります。すなわち多額の投資額を取り戻すために、運賃を高く設定しなければならなくなり、そのために利用客の減少を招くという事態に陥ることも想定されます。その結果抜き差しならない状態になり、国費（税金）を投入してリニアを支えざるを得なくなるような事態が発生するかもしれません。

い建設費に相当するということになります。

この建設費を、JR東海はすべて自社費用で賄《まかな》うと言っていますが、当初三兆円と発表していた時は、リニアの開業で東海道新幹線の利用客が半減し、同線の経営が成り立たなくなるから、三分の一（一兆円）は公的資金が必要だと言っていたのです。それが三倍の九兆円に膨らんだのにもかかわらず、すべて自社費用で賄うというのはリスクがあまりにも大きいのではないでしょうか。

そのリスクの一つに、長期借入金に対する金利の問題があります。実は建設費の中に、五四〇〇億円と見込まれる金利が算入されていないのです。このことはつまり、借金の返済は営業開始後の黒字の中から出さざるを得ないということになるわけですが、しかしリニアの収支はきわめて厳しいと予測されています（Q18参照）。

また次のリスクとして、トンネルの工事費の不透明性が挙げられます。そもそもリニアのトンネル工事費の見積りは、きわめて低く想定されています。一㎞あたり約二〇〇億円という予定建設費は、地下鉄の都営大江戸線（三四三億円）、東京メトロ副都心線（二七六億円）、都営三田線（四九五億円）などから見ても低いと言わざるを得ません。しかもリニアの場合

ガイドウエイ

リニアモーターカーを走らせる地上の施設のことで、在来の鉄道の軌道にあたります。両側の側壁内部に地上コイルが取り付けられ、車上の超電導コイルが通過する時に誘導電流が流れて、車両を浮上させたり推進させたりします。

は、水がめとも言うべき南アルプスのトンネル工事が控えています。相当な難工事になることはまちがいなく、ＪＲ東海も「掘ってみないと分からない」と言っています。とすれば今後工事費がどんどん嵩《かさ》んでいくことは、想定されなければなりません。

このようにリニアは、建設費の上で大きなリスクを抱えています。本来、これほどの巨大開発は、建設費にある程度の余裕を持たせておかなければなりません。そうでなければ資金調達に失敗し、工事が中止に追い込まれることさえあり得るのです。二〇一六年十一月、政府は法改正を行なってまでして、ＪＲ東海への三兆円の財政投融資を決めました（Q19参照）。ひょっとしたら建設費の危機は始まっているのかもしれません。（川村）

南アルプスのトンネル工事

南アルプスのトンネル掘削は、山梨県側ではわずか三kmの試掘をしただけで、「可能」という判断が下されました。それにもかかわらず、「掘ってみないと分からない」とも言っているのです。実際、研究者によっては、トンネルは不可能と断言する人もいます。リニアの建設費を考える場合、南アルプスのトンネルは大博打を打つに等しいと言えるかもしれません（Q13参照）。

Q18 リニアの採算はとれるのでしょうか？

リニアは九兆円という大投資。はたして回収できるのですか。「絶対ペイしない」という声も聞こえる中で、国民の負担は生じないと断言することはできません。

九兆円あるいはそれ以上の資金を注《つ》ぎ込んで、リニアは建設されます。いったいリニアは収支の上で採算が採れるのでしょうか。またもし万一、JR東海がリニアのために大赤字を抱えるようになったら、どのように処置することになるのでしょうか。リニアの採算という問題は、国民全体に関わってくる可能性もあるのです。

運輸政策研究機構は、東京～大阪間の新幹線需要について、次のような推計を公表しています。すなわちリニアの東京～名古屋間の開業時（二〇二七年）の需要が、リニアが一六七億人キロで、東海道新幹線が四〇一億人キロ、計五六八億人キロというのです。二〇一一年度の東海道新幹線の実績が四四三億人キロですから、それからすればリニアの開業によって需要が約一・三倍に増大するということになります。

誘導需要

この「誘導需要」という自然増は、いわばリニアのもの珍しさや便利さから、乗ろうという程度の需要と思われます。「便利になったから乗る」というだけでは、運賃という厳しい条件を越えることはできないでしょそしてその根拠を次のように示しています（単位億人キロ）。東海道新幹線からの転移（一二二）、航空機からの転移（五）、自動車・バス等からの転移（一五）、リニア開通の誘導需要（二五）となっているのですが、ほんとうにこれらの数字が現実になるのでしょうか。たとえば誘導需要（リニアが開通して便利になったということによる自然増と考えられ、具体的な根拠は不明）の二五億人キロは、東京～新大阪間五五三キロで計算すれば、年間約四五二万人の乗客が自然発生するということになりますし、自動車・バスからの転移一五億人キロは、車やバスの利用者のうち約二七〇万人がリニアの利用客になるということを示しています。運賃が安いからこそ高速バスを利用している人が、新幹線よりも一〇〇〇円ほど高くなるとされているリニアを使うことなどあるでしょうか。この試算は、かなり疑ってかかる必要があるように思えます。

たとえば、橋山禮治郎氏は、リニアの東京～名古屋間の年間収入を、営業開始時に四一一〇億円、東海道新幹線の減収額を二八〇六億円と推計し、その差は僅か一三〇四億円としています。いったい、この僅かな営業収入で、建設費（長期借入金に対する金利を含む）の返済、人件費やエネルギー費をはじめとするリニアの維持費が生み出されるのでしょうか。私には

う。従ってこの「誘導需要」は、見込みとしてはかなり根拠薄弱なものだと思われます。そう考えると、リニアの採算性を高めるために意図的に捻《ひね》り出されたとも言えるのではないでしょうか。

リニアは絶対ペイしない

この発言は、山田社長によって記者会見で二度くり返されています。二〇一三年九月十八日の「リニアだけでは絶対ペイしない。新幹線の収入で建設費を賄って何とかやっていける」というものと、十月十七日の「（リニアだけで）採算はとれない。新幹線と一体的に運用して会社をパンクさせずにやっていく」というものです。多くの識者の見解に照らしても首肯される発言ですが、当のJR東海からこの発言が出るとは、まさに驚天動地《きょうてんどうち》でした。

まったく不可能と思われます。

さて以上の試算をはじき出した上で、その採算問題を考える際に懸念《けねん》される大きな材料があります。一つは東海道新幹線の利用客が、一九九〇年頃からほとんど変らず一億三〇〇〇万〜四〇〇〇万人の間を推移しており、それに伴う運賃収入も一兆円前後から増えていないということです。

そしてもう一つは日本の人口減少という問題です。人口問題研究所の推計では、二〇三〇年時（名古屋まで開通の頃）が約一億一七〇〇万人、二〇五〇年時（大阪まで開通の頃）が九七〇〇万人となっています。人口が減るのですから、当然利用客も減るというのが当然のことでしょう。リニアだけ増えるなどということは、考え難いことなのです。

二〇一三年九月、JR東海の山田佳臣社長（当時）が「リニアは絶対ペイしない」と発言して物議《ぶつぎ》を醸《かも》しましたが、それはあまりにも正直な発言だったように思えます。JR東海は、人口減少の中で二本の新幹線を抱えながら運営していくことになります。新幹線の乗客の大半をリニアに移すという蛸の共食い状態になるわけで、そのツケは国民に回ってくるのではないかと懸念されます。（川村）

ツケは国民に

リニアの採算性への疑問は多く見られ、最終的にツケが国民に回ってくることを予見するものが少なくありません。一例として、毎日新聞社説「リニア新幹線　国民的議論が必要だ」（二〇一三年九月二十三日付）にも「人口減少や高齢化が進む中、想定通りの利用者を確保できない恐れもある。（略）東海道新幹線とリニアを両方抱え、利益を維持できるのか」「万一事業が失敗しJR東海が経営難に陥った場合、その公共性から国家（国民）が支援を求められる可能性も皆無ではないのだ」などとあります。

Q19 財政投融資を行なうそうですが、どういうことでしょうか?

リニア計画に対して、政府からJR東海への三兆円の財政投融資が決定され、実行されています。なぜ着工後に決まり、またどんな問題があるのでしょうか?

二〇〇七年四月に、JR東海がリニア中央新幹線構想を発表した時、同社はその建設費をすべて自己負担で賄《まかな》うとしていました。それはリニアに関して国の関与や口出しを避けたいという意向に拠《よ》ってのことでした。JR東海の予定では、東京~名古屋間を先行させ、ある程度債務額を減らしてから、東京~大阪間の建設に移るということだったのです。

ところが二〇一六年七月、安倍首相がいきなり記者会見で、リニア整備の促進のために、財政投融資《ざいせいとうゆうし》（略称「財投」）を活用する旨を発表しました。総額三兆円規模で、東京~大阪間の建設を最大八年間前倒しする、つまり同区間を早く着工できるようにする、ということが目的になっています。

財政投融資とは、資金調達が難しい事業に対して、低い金利で政府が融資する制度で、借り手は長期にわたってこれを返済しなければいけないの

人件費や資材の高騰

東北や熊本の震災復興やオリンピックのために、労働者の給料や資材が高騰しているのは事実です。それらの高騰のために、たとえば木更津市のように、地方自治体でも市役所の立て替えを延期しているところがいくつか出てきています。すでにJR東海の予算五兆五〇〇〇億円では、東京~名古屋間の建設が難しくなっているのかもしれません。おまけにどれほど費用がかかるのか分からない南アルプスのトンネル掘削も、

ですが、採算がとれず返済が不可能になった場合は、税金でこれを補塡《ほてん》することになります。したがって場合によっては、リニア財投のツケを国民が負担するということになるのですが、リニアの採算性（Q18参照）を考慮に入れると、実はその可能性も少なくないのです。

　ところで、この三兆円という数字は、何を根拠にしているのでしょうか。東京～名古屋間の建設費の五兆四三〇〇億円の半分以上の額になり、名古屋～大阪間の建設の前倒しということを建前としていますから、それに見合う額として三兆円が出てきたということかもしれません。

　しかし前倒しと言っても、同区間は路線も確定していないのです。従ってそうした名古屋～大阪間の路線の確定などの事業を早く始めるために、今の時点で政府から融資を受けるのは釈然としないものがあります。とすればこのお金は、東京～名古屋間の工事に注ぎ込まれる可能性を考えるべきでしょう。

　さてこの一連の経緯の中で、少し問題点や疑問点を整理しておきましょう。

　まず第一に、ＪＲ東海が自社費用で建設するという前提で、国交省の中央新幹線小委員会でも議論され、認可に至ったわけですから、十分な財政

自社費用から財投頼みに変わった原因の一つとも考えられます。

労働組合の要請

『旬刊　ＡＣＣＥＳＳ』（第四九三号、二〇一六年十二月一日）で、尾形泰二郎氏（ＪＲ東海ユニオン書記長）が、「リニア大阪開業前倒し、衆参附帯決議で経営の自主性担保、我々の訴え実る」の見出しで、次のように書いています。

「財投の活用については、（中略）ＪＲ東海の自主的な経営判断を阻むような外部からの様々な圧力・介入は排除されるべきと考え、関係各方面に訴えてきました。

　その結果、多くの国会議員の賛同をいただき、衆参両院の附帯決議では『ＪＲ東海における経営自主性の

的見通しが立っているという判断があったはずです。それにもかかわらず、三兆円の財投となったのは、東京～大阪間の八年間前倒しという目的に隠れて、東京～名古屋間の五兆四三〇〇億円での建設が現実的な問題として困難になったというふうにも考えられるのです。その最大の原因は、東日本大震災、熊本地震、東京オリンピック等による人件費や資材の高騰ではないかと思われます。そのためにＪＲ東海は、ほとんどただ同然の超低金利の借金を喜んで受けたのではないでしょうか。

新聞報道によれば、この財投の話は安倍首相と葛西敬之ＪＲ東海名誉会長の間で決まったとされています。両者の親密な関係は周知の事実ですが、直ちに国民の了解が得られると言えるでしょうか。

また法改正を行なった際、附帯決議として「ＪＲ東海における経営自主性の担保」が盛り込まれました。つまり国はリニアに対して口出しをしないということです。お金を出すのに口はさしはさまないというのでは、公金を貸し出す上で矛盾しています。しかもこれに関しては、民進党がＪＲ東海の労働組合の要請を受けて、主体的に関与したようです。民進党はこの財投問題が明らかになった時、岡田代表（当時）が「貸し付けのリスク」を問題にして批判的であったのに不思議なことです。

担保』が明記されました」。

国（すなわち国民）から金を借りるのに「口出しはするな」とは、何とも身勝手でご都合主義と言わざるを得ません。右の一文の中の「多くの国会議員の賛同」は、二〇一六年九月に行なわれたＪＲ東海ユニオン中央執行部の、松原仁（衆）、細野豪志（衆）、平山佐知子（参）各議員らをはじめとするＪＲ連合国会議員懇談会所属の議員や、東海地区選出の議員への働きかけに拠るものと思われます（ＪＲ東海ユニオン政策情報誌『ＳＵＮ』№47、二〇一六年九月二十八日）。

いずれにしても十分な議論を経ないまま、三兆円がＪＲ東海に流れていきます。次の世代にツケが回らねばよいのですが……。

（川村）

Q20 東海道新幹線は今後どうなるのでしょうか？

現在約一億人を超える利用客がある東海道新幹線。しかしリニア新幹線開通後、利用客はどのように変化し、東海道新幹線自体もどのように変わるのでしょう。

ＪＲ東海は、リニア新幹線の開通によって、東京〜名古屋（大阪）間を結ぶ二本の新幹線を持つことになります。その時、リニアのために新たな利用客が急増することはあり得ませんから（Q18参照）、結局在来の東海道新幹線の利用客をリニアに移すことによって、リニアの乗客を確保するということになります。

運輸政策研究機構は、実際、東海道新幹線からリニアへの転移について、東京〜名古屋間開業時に七三％が、東京〜大阪間開業時に六二％が、リニアに乗り変えると予測しています。このことは逆に、東海道新幹線の現状の利用客が約三〇〜四〇％しか残らないということを意味しています。つまり東海道新幹線の利用客は激減するのであり、とすれば現在と同様な東海道新幹線の運行はあり得ないということになります。

しかも現在、東海道新幹線の座席利用率は、ほぼ七〇％未満で、五〇～六〇％程度という年もあるのです。その利用客の六～七割がリニアに移るというのですから、現在東海道新幹線はガラ空きの状態ということになります。現在東海道新幹線に乗れば経験的に誰でも感じることですが、混雑は「のぞみ」→「ひかり」→「こだま」の順に緩和《かんわ》されていきます。「こだま」はいつも空席が目立ちます。

リニア新幹線が開通すれば、主に「のぞみ」の利用客をリニアに移すことになりますから、東海道新幹線は「ひかり」と「こだま」が各駅停車のような、あるいはそれに近い形で運行されることになります。座席利用率の低い二種の列車を動かし続けるのですから、かりにリニアの収益があっても、東海道新幹線の運営は厳しくなっていきます。

そうなった場合、当然考えられるのが間引き運転、つまり運行本数を減らすということです。現在「ひかり」と「こだま」は一時間に二本の運行ですが、この形がいつまで継続されるかは疑問です。しかもそれに、人口減少による利用客の減少が追い打ちをかけるわけですから、運行本数の間引きは深刻な事態を想定しなければなりません。

もし仮にそうなれば、不便を蒙《こうむ》るのは東海道新幹線の停車駅であること

間引き運転

リニア新幹線の開通によって間引かれるのは、東海道新幹線ばかりではありません。在来線はいったいどうなるのでしょうか。首都圏の在来線はあまり影響を蒙らないかもしれませんが、リニアと併走する在来線の特急電車などは、大きな影響を蒙ることがありそうです。その典型は、中央本線の特急あずさ・かいじの甲府～新宿間でしょう。現在同特急は、一時間に二本の三十分間隔で運転していますが、これが維持されるかどうかは不明です。また甲府から名古屋方面に向かう場合、一つの主なルートとして、身延線の特急ふじかわを利用して、静岡駅で東海道新幹線（ひかり）に乗り継ぐという乗り方がありますが、おそらく特急ふじかわは相当な間引きの対象になるで

によって便益を蒙っている地域の人々です。その典型例は、おそらく新横浜駅の利用者ではないでしょうか。東京の衛星都市のような形で発展してきた横浜に、リニア新幹線は止まらないのです。これまで新横浜駅で停車し、横浜線や京浜東北線、さらには横須賀線や東海道線に乗り換えてきた利用客は、「ひかり」や「こだま」あるいは僅かに残されるかもしれない「のぞみ」を利用せざるを得なくなり、今までのように「のぞみ」に乗りさえすれば新横浜駅で乗り換えられる、という状況ではなくなる可能性が考えられます。この方々が、リニアによる被害を最大に受ける利用客になるでしょう。

いずれにしても、現在の東海道新幹線から受けている便益は、かなり異なるものになることは考えておかねばなりません。（川村）

しょう。身延線はＪＲ東海の経営のもとにありますから、リニアに乗客を誘導するためにも、ふじかわは廃止に近い状態になる可能性がありま す。

新横浜駅

新横浜駅周辺は、東海道新幹線が確実に停車する駅であることを一つの魅力として発展してきました。それがまったく違う状況に変化するわけですから、新横浜の魅力が失われることになります。従ってそれは、新横浜駅一帯の地価にも反映してくる可能性があるでしょう。

Q21 トンネルを掘ることによる水涸れは大丈夫でしょうか？

山梨の実験線で、トンネル掘削による地下水の涸渇《こかつ》が始まっています。全線の八六％がトンネルで、南アルプスを貫く本体工事による水涸れは大丈夫ですか。

地中には地下水脈が網の目のようにはりめぐらされ、常に大量の地下水が流動しています。そこにトンネルを掘れば、当然地下水は分断され、地下水の流れはまったく異なった状況を呈します。山梨県の若彦トンネル工事では、一方の出入口の芦川町では水が涸れ、一方の河口湖町では異常出水が起こっています。

リニアの工事では、すでに山梨実験線においていくつもの水涸れが発生しています。たとえば山梨県の上野原市秋山の無生野《むしょうの》地区の例を見てみましょう。涸渇したのは秋山川の支流の棚《たな》の入《い》川という川です。

この川はそれまで水が涸れることはなく、同地区に住む約三〇世帯の生活、農業用水として利用されていました。ところが二〇〇八年十月からリニア実験線の延伸工事が、集落の南側一kmあたりで始まり、約七・八kmの

原状回復

地下水脈の分断による改変については、原状回復は不可能と考えてよいでしょう。従って補償でしか対応できません。人間の生活への影響は、不便をかこちながらも補償でがまんしてもらうしかないでしょうが、自然への影響は補償できません。しかもリニア新幹線の環境アセスは、Q6にあるようにきわめて不十分で大雑把ですので、自然環境への悪影響は、出たら出っ放しで終わるかと思われます。

秋山トンネルの掘削が進められました。その結果、沢水の水涸れが起き始め、棚の入川も二〇一〇年七月頃に干上がってしまいました。

一方それに伴って、同地区から西側数kmの都留市内の沢で水量が増えていることが確認されました。明らかにリニアのトンネル工事によって、地下水の流れが変わってしまったことが分かります。棚の入川の水を利用している他の集落も、同様な水源喪失の状況に陥《おちい》らざるを得ませんでした。

こうした事態は自然の生態系への悪影響を免《まぬが》れず、イワナやヤマメも棲息《せいそく》できなくなりました。また生活全般への影響も計り知れず、住民は原状回復を望んでＪＲ東海に要請行動を起こしましたが、同社はトンネル工事が原因であるとの可能性を認めながらも原状回復は困難ということで、井戸を掘削して地下水を確保したり、給水車を動かしたり、また補償金を払ったりして、事態を収拾《しゅうしゅう》しようとしています。

そしてこれと同様な水涸れが、山梨県大月市猿橋町や笛吹市御坂町でも起こり、ＪＲ東海は上野原市と同じような形で事態を収めてきました。しかし壊されてしまった自然や生態系は元に戻ることがありません。

これから総延長二八六kmの八六％がトンネルというリニア新幹線の工事が始まります。沿線の各地で、山梨実験線と同じような事態が発生するこ

水涸れの写真

リニアトンネル工事で水が枯れた沢（山梨県笛吹市御坂町）

リニアトンネル工事の異常出水（山梨県笛吹市御坂町）

とでしょう。しかも富士川から天龍川に至る約五〇㎞ものトンネルを、ユネスコ・エコパークに指定された南アルプスを中心とした山地に開けるわけですから、水涸れも尋常なものではあり得ないはずです。山頂部に近いお花畑さえ、その影響を受けないという保証はないのです。

またJR東海は、大井川の流量が最大で毎秒二トン減ることを明らかにしています。実際に二トンですむのかどうかも分かりませんが、この量は大井川下流域の七市の六〇万人分の飲み水に相当するとされています。JR東海は導水路トンネルを造ってこれを補うとしていますが、その導水路トンネルが地下水位の低下を招くとも言われ始め、まさに「病膏肓《やまいこうこう》に入る」状態に陥っています。これから深刻な事態が発生することはまちがいありません。

（川村）

ユネスコ・エコパーク

エコパークは一九七六年に始まったユネスコの自然保護事業で、生物多様性の保全と人間の生活や経済活動との共生を目的としています。南アルプスは、二〇一四年六月に登録されました。登録地は十年ごとにユネスコに定期報告をするためリニア工事の残土処理や河川の状況の変化などに、厳しい目が向けられることになります。

リニア中央新幹線トンネル部分の南アルプス—中央アルプス通過計画図

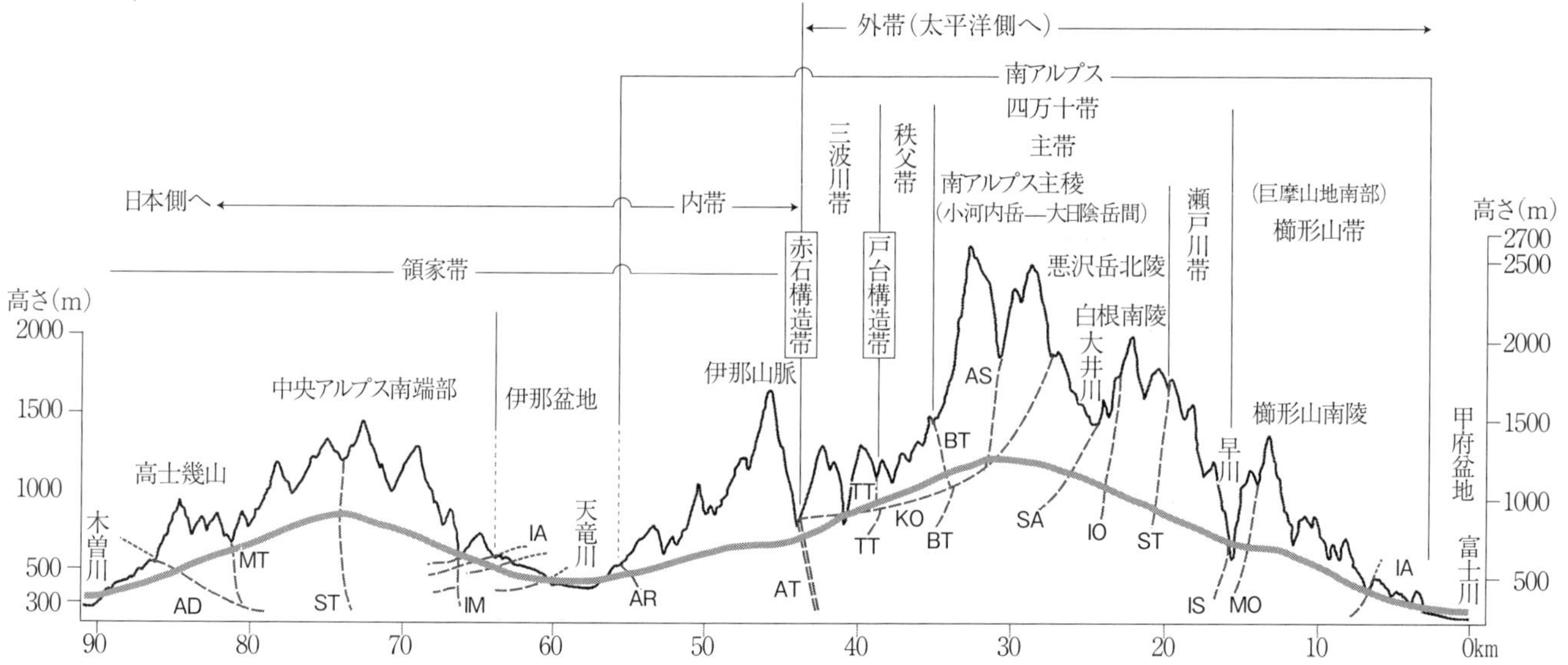

AD：阿寺断層
MT：馬籠峠断層
ST：清内路峠断層
IM：飯田松川断層
IA：伊那谷活断層帯
AR：芦部川—竜東断層
AT：赤石構造帯（北部は中央構造線に重なる）
TT：戸台構造帯
KO：小渋川断層
BT：仏像構造線
AS：赤石・白根境界断層
SA：椹島断層
IO：井川・大唐松山断層
ST：笹山構造線
IS：糸魚川・静岡構造線
MO：茂倉断層
IA：糸・静線活断層帯

トンネル計画線

（水平：垂直=1：10）（トンネル資料はJR東海による。断層・構造線は松島信幸による）
出典：『日本の科学者』Vol.49 No.10 october 2014より

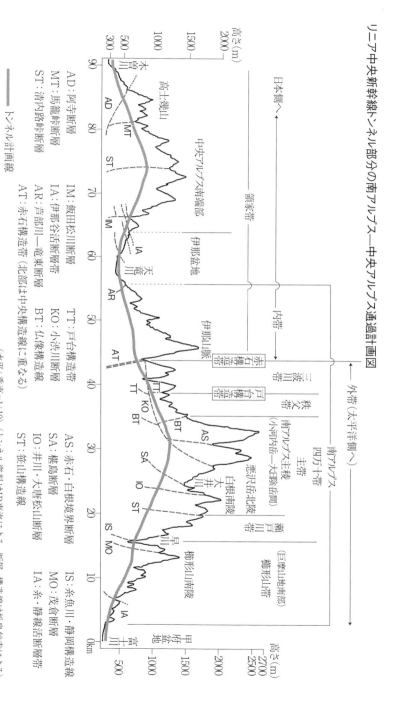

Q22 地下からはヒ素など有毒物質が出るとのことですが？

地下を掘ることで重金属やヒ素などの有毒物質が出てくることがあります。これまでのトンネル工事等でも大きな問題になり対策に窮している事例もあります。

トンネル、そして大深度地下を掘り進むことで起きる地下水脈への影響は水涸ればかりではありません。

JR東海の評価書には東京都の過去の調査の報告が引用され、トンネル工事予定地からヒ素など重金属が溶出している試験結果が出されています。

調査地点でヒ素が特に基準値を超えている所を拾うと下表のようになります。トンネル工事予定ルートの場所から環境基準〇・〇一mg／ℓを大幅に超えるヒ素が出ていることが過去の調査によってわかっているのです。

この件についてJR東海の説明は、「有害な重金属を含む土壌については別に管理し、捨て場を決める」と言っています。また大田区での説明会では「汚染された土壌を洗浄する方法を使用する」と答えていました。

環境基準を越えるヒ素検出地点

港区	港南	0.1
港区	港南	0.096
大田区	上池台	0.071
町田市	広袴町	0.08
町田市	小野路町	0.052

環境基準0.01mg／ℓ

しかし、土壌からヒ素を除去する技術は研究中のもので、実用化されているものではありません。大学などで「水溶性有機薬剤吸着法」といった名で専門誌に報じられているものの、実用化されるまでには経済性も含め厳密な検証が必要でまだ研究段階のものです。

JR東海は、東京都のルート上の土壌にヒ素が含まれていることは否定しないものの、その存在形態や分布範囲について、具体的なデータをまったく示していないのですから、とても除去方法について語ることはできない、と専門家の坂巻幸雄氏も述べています。

出て来た残土はヒ素が含まれていてもどこかに置かれ、そのままになるのか、遠くに捨てられるのか、いずれにしても環境汚染は免れません。

川などに流れる水中のヒ素については、工事が進められている八ッ場ダムの吾妻川にも流れていて大問題になっています。この川は上流の万代鉱山採掘により発生したヒ素が流れ込んでいます。強酸性水を中和し、そのヘドロを止めるために品木ダムが建設されました。その堆積《たいせき》しているヘドロの中に年間五〇トンものヒ素もいっしょに溜《たま》っています。その泥は浚渫《しゅんせつ》され付近に積まれていっていますが、このたまったヒ素はいまや地球の全人類の致死量に相当する量になっているということです。

岩手県の旧松尾鉱山でもヒ素を含む水が出続けています。自然由来のヒ素はいったん出てきたら止まらないようです。

このようにリニアの大深度でのトンネル工事がもとで、地下水が汚染され、またヒ素を含む残土の行方が大きな懸念です。まったく調査、検証がされておらず、それは避けることのできない危険な事態を示しています。

(懸樋)

旧松尾鉱山
一九一四年から硫黄や硫化鉄鉱を生産し、一九七一に閉山しました。この鉱山から大量の強酸性水が赤川に流出して北上川本流を汚染し、大きな社会問題となり、中和処理施設を旧松尾鉱山元山地区に 建設することになりました。この新中和処理施設は、岩手県が通商産業省の補助を受けて 中和処理施設に約六二億円、貯泥ダムに約三一億円を費やして、一九八一年十一月に完成しました。

Q 23 大深度地下使用に問題はないのでしょうか?

大深度地下法により、リニアは都市部では地下四〇mの深い場所を通すことになっています。騒音や振動、地下水や地盤への影響など問題がないのですか?

リニアは都市部では地下四〇mより深いトンネルを通ることになっています。この大深度地下《だいしんどちか》は「大深度地下の公共的使用に関する特別措置法」という法律が二〇〇一年施行されて、リニアにも適用されることになっています。

本来土地の所有者の権利は、民法第二〇七条に「土地の所有権は法令の制限内においてその土地の上下に及ぶ」とあるように、空中も地下にも所有権があります。道路や鉄道などの公共事業の建設は、困難であっても土地の買収、そのための買収交渉や使用権の貸借契約が必要で所有者との交渉は不可欠でした。地下でも当然ながら同様だったのです。そこで、事業を推進する国や事業者は、深い地下は地権者の承諾なく、買収交渉もせずにすむこの「大深度地下使用法」を制定しました。この法律が適用になる予定の大規模公共事業は、リニア中央新幹線の他は外環道の計画くらいしかなく、この法

リニアのための法

「大深度地下法」は、その制定過程からもリニア中央線建設のために周到に準備されて制定されたものであることは、JR関係者の話しからもうかがえます。

律がリニアの推進のために実に効果的に利用されるために作られたと言えそうです。

リニアの場合、大深度法の適用範囲に当たるのは、首都圏では、品川区、世田谷区、大田区、町田市、川崎市の三五キロメートル、愛知県では、名古屋市と春日井市の二〇キロメートルで、合計五五キロメートルとなっています。

ＪＲ東海は住民の問いに対して次のように答えています。

地価が下がった場合の補償は？

「考えておりません。大深度地下を使用しても、地上の土地の使い勝手に影響を与えることはありません」

地盤沈下の恐れはないのですか？

「強固な支持地盤上面より更に深い大深度地下部分を、数多くの実績があるシールド工法で施行するため、地盤沈下が発生することはないと考えております」

地下水への影響は？

「シールド工法により施行しますので、地下水への影響は小さいと考えています」

騒音や振動は？

「（工事で）強固な支持地盤上面より更に深い箇所となりますので、シールド掘削中に生じるカッタービットからの切削音《せっさくおん》、送泥水音《そうでいすいおん》などが地盤を伝わって地上部分において騒音・振動が問題になることはないものと考えています」

いずれの回答も住民の不安に答えるような内容になっておらず、損害が起きた際の補償についても契約もなしにトンネル工事を進めてよろしい、というのがこの「大深度法」です。

地下は上下水道や電気、ガス、通信などの施設が縦横に張りめぐらされており、最近ではそれが年数の経過で陥没事故を頻発させています。トンネルの上部が将来にわたり何の支障もない、と誰も断言することはできません。また何もなくても地下にトンネルが掘られることで、地価は二％下落するというのが不動産業の常識だそうです。一方的に開発事業にとって有利で、これまでの民法、憲法にも反する内容を政権が制定した法律と言えるもので、大きな問題です。（懸樋）

大田区の大深度地下ルート
http://company.jr-central.co.jp/chuoshinkansen/daishindo/tunnel/_pdf/oota_setagaya.pdf

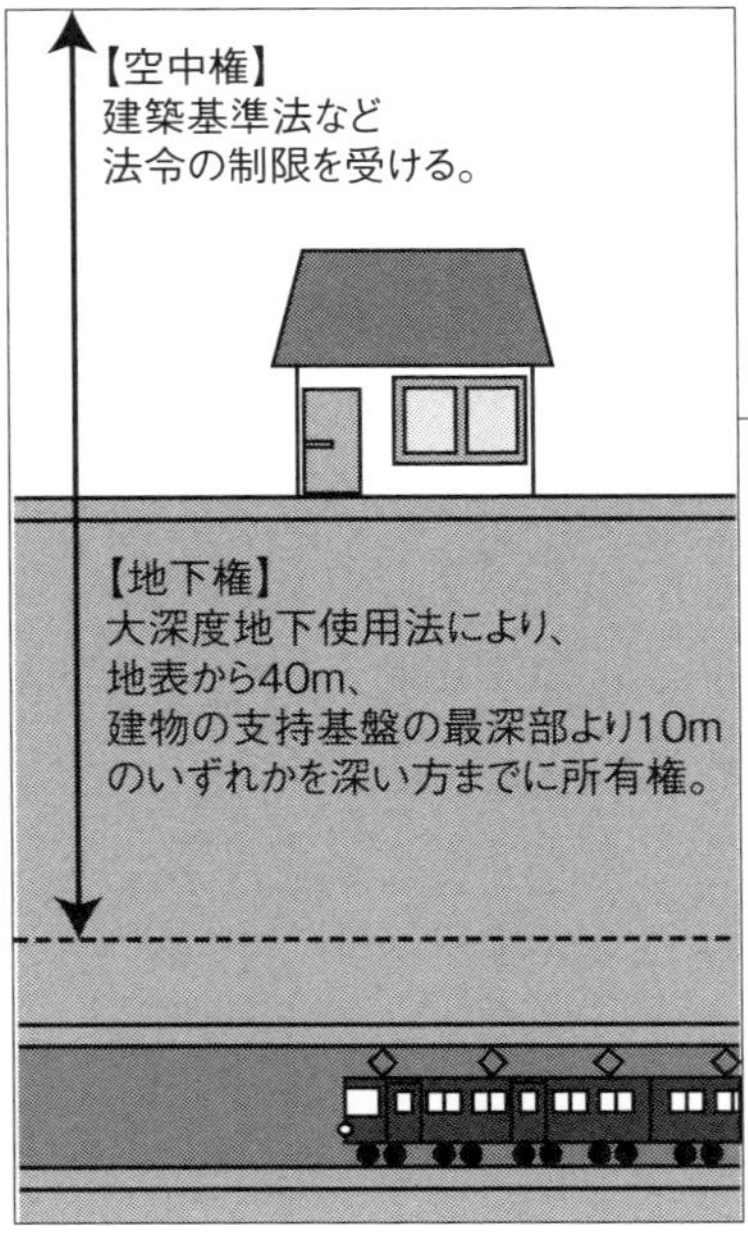
【空中権】
建築基準法など
法令の制限を受ける。
【地下権】
大深度地下使用法により、
地表から40m、
建物の支持基盤の最深部より10m
のいずれかを深い方までに所有権。

Q24 トンネル掘削による残土は処理できるのでしょうか？

リニア新幹線のトンネル掘削による残土はどれくらい出て、またそれは適正に処理されますか。住民は残土をめぐり、どのような疑問や不安を抱えていますか。

リニア新幹線は、その八六％がトンネルを掘って建設されるため、残土（建設発生土）の量も厖大《ぼうだい》です。ＪＲ東海の資料によって、各都県別に残土量（建設汚泥を含む、単位万㎥）を見ると、東京（七五一）、神奈川（一三六五）、山梨（七一八）、静岡（三八二）、長野（一〇五四）、岐阜（一三一七）、愛知（七七二）となり、総計六三五九万㎥となっています。東京ドームの実に五一個分で、かりに大阪まで延伸すれば、一億㎥に上るかと言われています。

ではこの厖大な残土を、ＪＲ東海はどのように処理するのでしょうか。実はこれが大問題で、ＪＲ東海の環境影響評価書によっても、その全量に対して明確な処分計画は立っていないのです。つまり残土の処理場はどこなのか、どのように管理するのか、などについて具体的な記述は部分的、断片的なものにすぎません。ＪＲ東海は、工区毎に着工段階に入るときに

残土の処理場

残土処理を行なう場合、直接処理地に運んで処分できるとは限りません。何か別の事業に利用する場合は、それに使えるまで一時的に残土を置いておく仮置き場が必要になります。山梨県の残土のうち、一二〇万㎥を「早川・芦安連絡道路」の造成に利用することになっていますが、着工まで時間がかかっているため、三万㎥の埋立処理地（仮置き場）にさらに三万㎥を上乗せするという無理を行なわざるを得なくなっています。

明らかにすると言っていますが、つまりは、これから残土の処理場を探しながら工事を進めていくということになるのです。いわばトイレなきマンション状態と言ってよいでしょう。

残土はどこに置いても、さまざまな問題を惹《ひ》き起こします。すでに山梨実験線の工事の際にも一六〇万㎥の残土を処分するために、二筋のV字谷を埋め、それを山梨県が住宅地として供給しようとしたのですが失敗し、現在も塩漬けの土地としてそのままになっています。山梨県は谷を埋めるという自然破壊に加えて、経済的な負担も背負ってしまったというわけです。

南アルプスのトンネル掘削から出る残土の処理について、静岡県の場合を見てみましょう。静岡では大井川の源流部の河原に、残土を積み上げることになっていますが、ほとんど全量が捨てられる燕沢《つばくろさわ》などは川の水面との高低差がまったくないため、増水時には土砂が下流に流される危険性があります。さらに大井川の沿岸は地質が脆く、土石流の多発地帯でもあるので、危険度はさらに高まります。

一方、愛知県では春日井市が非常口の工事残土一〇万㎥を、瀬戸市の通称グランドキャニオン（愛知県珪砂鉱業協同組合（瀬戸市））が受け入れを決

さまざまな問題

一つに残土中の有害物質の問題があります（Q22参照）。山梨県の中部横断自動車道（増穂〜六郷間）のトンネル残土からヒ素やセレンが検出され、予定以上の費用と時間がかかっています。また東京都の港区や大田区、町田市の予定ルートからは、環境基準を越えるヒ素が含まれていることが判明し、南アルプスなどからはどのような重金属類が出てくるのか不明としか言いようがありません。さらに岐阜県の東濃地区は、ウラン鉱床地帯を掘り抜くため、地中に眠っているウランを掘り出すことになる恐れがあります（Q28参照）。それらが適正に処理されるのかどうか、第三者機関の監視が必要になるでしょう。

定、後から説明を受けて驚いた住民はダンプ公害や残土中の有害物質などを問題視して、事態は紛糾しています。

また長野県の南アルプスのトンネル出入口になる大鹿村では、大変な事態に陥っています。現在九カ所の残土置き場の候補地がありますが、すべてが河川敷付近で出水時には危険きわまりない所ばかりです。しかも一日の最大量一七三六台のダンプが、狭い村内の細い道路を通るのですから、村民の日常生活は根底から覆されてしまいます。

ともかく残土処理の問題は深刻で、長野県豊丘村では住民の反対署名と地権者の反対で、残土処分の候補地をJR東海に撤回させたような地域も出て来ています。残土の処分は、目下全体量からすればまだ僅かしか決まっていません。本来JR東海は、残土処分の目鼻を付けてから着工すべきなのでしょうが、あまりにも事を急ぎすぎているように思われます。

（川村）

Q25 山梨実験線の建設によってどんな被害が出ていますか？

既に山梨実験線で様々な被害が出ています。それは日常生活や自然環境、生態系への悪影響ですが、それは今後二八六㎞の沿線地域の被害の雛型《ひながた》でしょう。

一九九〇年、山梨県でリニア実験線が着工され、九七年浮上走行試験が始まりました。実験線は、山あり谷あり平地部ありという所で、地形的にはさまざまなケースでの実験を可能にしていると言えます。では上野原市と笛吹市を結ぶ約四三kmの山梨実験線で、どのような被害が出ているのでしょうか。

まずトンネルの掘削による水涸《みずが》れがあります。これについてはQ21の項に述べていますが、一〇kmに満たないような長大ではないトンネルでも、数カ所で顕著な水涸れと異常出水が起こり、生活や自然環境に悪影響が出ています。それに対してJR東海は、新しい井戸の掘削や給水車、補償金などで対応しようとしていますが、住民は不便を強いられ、壊された生態系は元に戻すことができません。

騒音

東海道新幹線も騒音が問題となり、最も被害の大きかった名古屋駅周辺では、訴訟事件にまで発展しました。その結果、七五dB（非常にうるさい）が最大基準値となりましたが、今なお完全にそれ以下に押さえられているわけではありません。深夜でも七五dBの音が発生するというのでは、生活環境から見て苛酷な状況と言わざるを得ません。

またトンネルの掘削は、大量の残土を発生させました。実験線の工事で出た一六〇万m^3の残土は、笛吹市境川町の谷に捨てられ、深い谷を埋めてしまいました。生態系の破壊は言うまでもないことですが、平地に造成した用地は、工業団地にも住宅地にもならず、そのまま塀囲いされたまま残されています（Q24参照）。

次に騒音や振動という被害があります（Q26参照）。騒音や振動は、リニアの被害の中で最も住民の生活に重要な影響を及ぼすものですが、ほんとうに僅かな改変でも、住民の日常生活に多大な被害が発生してしまいます。たとえば二〇一三年六月、都留《つる》市の桂川《かつらがわ》を渡る高架橋《こうかきょう》付近の住民から、騒音や振動が以前よりもひどくなったという声が出始めました。どうもそれは、実験線の走行を再開した時、北側路線から南側路線に変更したため、リニアの車両が集落に近づいたことによるもののようです。窓を開けていると電話の会話が途切れるといった苦情もあり、ＪＲ東海は二mの防音壁を一・五m嵩上《かさあ》げするということで対応しましたが、住民は抜本的な解決にならないと不満を述べています。

振動も、床下から持ち上がるような感覚を口にする住民もいて、営業線になったら耐えられないと不安を訴えています。

リニアトンネル工事の残土（一六〇万m^3）で埋められた沢（山梨県笛吹市境川町）

一方、日照も大きな問題です。高さが二〇〜三〇ｍの高架橋が通る一帯は、広範囲の地域で生活や農業を営む上で、大きな日照被害を受けています。農地では農産物（あたり一帯は桃の農家が多い）の生産の減少や生育の劣化が起こり、また生活環境としては、とくに冬場の日照が遮《さえぎ》られるため、冷蔵庫の中のような生活を強いられることになります。ＪＲ東海は、これらに対して金銭での補償で対応していますが、三十年限定の僅かな灯油代では、かつての陽だまりのある生活は取り戻せません。

他に景観の破壊という事態も発生しています。自然豊かで閑静な田園地帯をコンクリート製の高架橋が突き抜け、そこにフードを被《かぶ》せるか、またはコンクリートの防音壁の中をリニアが走るのですから、景観の破壊は免れません（Ｑ29参照）。

こうした実験線の被害が、今後沿線の各地に広がっていくことと思われます。

（川村）

日陰となる家（山梨県笛吹市御坂町）

Q26 明かり区間にはどんな問題があるのでしょうか？

リニアの施設がむき出しに通る明かり区間。居住住民の不安は、増すばかりです。そこには実験線の知見が決して生かされているとは言えません。

リニア新幹線は、東京〜名古屋間二八六kmのうち八六％がトンネルです。したがって地上部（明かり区間）は一四％にすぎません。約四〇kmになりますが、山梨が二七km、岐阜が七km、長野が四kmを占めています。距離は短いのですが、トンネル部分に比して外に出るぶんだけ、環境に与える影響は大きくなり、住民の受ける被害も増えざるを得ません。

ほんとうはすべてトンネルで通過すれば、外界への影響も小さくなるのですが、地盤やトンネル内の圧力（走行する時の空気抵抗）などの問題があって、部分的に地上を走るように設計されています。

明かり区間で最も問題になっているのは、騒音や振動です。すでに山梨実験線で被害が出ているのですが（Q25参照）、予定路線の住民たちはいま大きな不安を抱えています。騒音は在来の新幹線と同じで、居住地域で七

七〇デシベル

環境基本法の定める騒音の環境基準は、住居用地では昼間が五五dB以下、夜間が四五dB以下となっており、最も騒音の高い幹線交通を担う道路に近接する所は、昼間が七〇dB以下、夜間が六五dB以下となっています。しかしこの基準は、航空機や鉄道の騒音には適応されないことになっており、とくに新幹線は特例的に、住居用地が七〇dB以下、それ以外は七五dB以下と定められています。しかし何を音源としても騒音に変わりは

〇デシベル（dB）以下（それ以外の地域は七五dB以下）が適用されることになります。山梨実験線でのフード区間における四両編成の試験車が時速五〇〇㎞で走行した時も、実測値が約七〇dBでした。しかし営業線では編成車両も一六両に増えますし、さらに居住地域なのにフードをかぶせない地域もあり、騒音被害は拡大する可能性があります（実際アセスでは七五～七九dBと記載されている所があります）。

そもそも七〇デシベルという値が、人間の生活空間において異常に強い騒音であることを思えば、一日に約二〇〇本もの七〇dBの列車音が早朝から夜半まで聞こえるのは、環境破壊も甚だしいと言えるでしょう。

山梨県は二〇一六年十一月、軌道の両側の各四〇〇mを七〇dB以下に押さえるという案を公表しましたが、沿線住民の人たちはそれではとても生活できないと反発しています。

またトンネルやフードの出入口で発生する微気圧波も、列車が出入りする都度大きな音を出し、生活環境の重大な破壊をもたらします。さらに地盤の強弱によっては、激しい振動も予測されます。そしてこうした騒音や振動が、睡眠障害をはじめとするさまざまな人体への影響を与えることはすでに明らかになっています。

ないわけですから、住民にとっては新幹線だから我慢するという理屈は通らないはずです。とくにリニアが通る一帯は、地方の小さな町並みの静かな区域ですから、同じ七〇dBでも大都市とは別の意味を持つものと思われます。

微気圧波

トンネルの出入口において、列車の出入りの際発生する発破音を言います。上越新幹線の大清水トンネル（全長二二㎞）の出入口では、微気圧波のために鳥類はいなくなり、住民も退去してしまいました。上越新幹線は時速二三〇㎞ですから、時速五〇〇㎞のリニア新幹線ではどうなることか、推して知るべしでしょう。

次に日照の問題があります。二〇m～三〇m（場合によっては四〇m）の高架橋は、広範囲にわたる日照被害をもたらすことが確実です。とくに太陽が低くなる冬を中心に、大きな影響が生じると考えられます。最も陽光が欲しい寒い季節に、生活空間から太陽が奪われるのですから、住民の被害と迷惑はこの上ありません。また田園地帯であれば、農作物の生育や収穫にも影響が出てきます。居住住民からすれば、「補償などより太陽を」というのが本音でしょう。

また地下水や電磁波への懸念もあります。山梨県の西部は、地盤の軟弱性からトンネルが掘れないため、高架橋で通すことになっています。こうした所に重い高架橋を造れば、それを支えるために基礎を深くうたねばならなくなり、地下水への影響が生じかねません。くわえて電磁波（Q9、10、11）も不明な部分が多く、住民の不安は尽きることがありません。

（川村）

Q27 沿線での生物環境へ影響はどのようなものがありますか？

直線コースのリニアは貴重な動植物の棲息する環境も破壊して建設されます。生態系の破壊、また希少な動植物の絶滅も各地で心配されています。

計画ルートの岐阜県中津川市周辺にはハナノキの生育する湿地群があり、影響が心配されています。ハナノキは、直径一メートル、樹高三〇メートルを越える大木になるカエデ科の日本固有の絶滅危惧《ぜつめつきぐ》植物です。現在自生のハナノキの胸高直径《きょうこうちょっけい》五センチ以上の個体数は、一六〇〇個体程確認されているだけです。中津川市千旦林《せんだんばやし》地区には一〇〇〇個体近くもありますが、この付近にリニアの駅と操車場の計画がされています。

ハナノキ湿地は、標高差が一〇メートルにも満たない谷で、青々としたオオミズゴケが繁茂《はんも》した幾すじもの窪地から水が浸み出し小川となっていきます。その周辺に、ハナノキをはじめ、ミカワバイケイソウ、シデコブシ、ヘビノボラズ等、固有種、

ハナノキ

遺存種といった貴重な植物が数多く自生しています。

南アルプスや中央アルプスが隆起する前、東海地方は、日本列島の成立中、他に例を見ない広い範囲で永い時間をかけて、湿地が高密度に形成され続けたと言われています。

絶えず浸み出す湧水は一定の水温を保ち、気候変動が激しい時期も湿地環境は安定していたと考えられます。氷河期には暖地の植物が遺《のこ》り、間氷期には寒地の植物が遺ったのではないかと思われます。このような穏やかな湿地環境が広範囲に永く続いた事で、他に無い植物種多様性と豊かな生態系が遺ってきた地域だと言われています。

しかし、ただの雑木林ととらえられたり、たんなる草地と言われ、経済的に価値が無いと思われ、ゴルフ場や廃棄物処分場にされて、減少してきました。

湿地は繊細なので、少し溝を掘るだけでも消失し、直接改変しなくても、地下や周囲の地形の改変で消失し、汚水の侵入でも植生が変わります。

二〇一三年十月、岐阜県は、中津川市千旦林に建設されるリニア中央新幹線岐阜県駅へのアクセス道路建設の計画を発表しました。木曾川に架かる既存の「美恵橋」を起点とし、リニア駅や中央自動車道を南北に結ぶ約

胸高直径

成人の胸の高さにおける立木の直径で、日本では地面から一・二〜一・三メートルを採用。立木の材積算出に使われる。

ミゾゴイ

東アジアの低平地の森林にすむ水鳥の一種で、台湾、中国南部、フィリピンなどに生息し、四月のはじめに日本に渡ってくる夏鳥。日本では、琉球諸島、九州、本州、伊豆諸島でみられます。

繁殖は日本でしか確認されていません。平地から低山帯の谷や沢沿いの針葉樹、落葉樹、常緑樹、竹林が混在するうっそうとした林で、薄暗

五㎞の自動車専用道路の整備計画です。翌三月に発表されたルート詳細案は、ハナノキ自生地の一部を通過し、岩屋堂集落を真っ二つに分断するものでした。

リニア工事によって地形の改変や土捨て場として使われることで破壊されれば、再び取りもどすことはできません。

ミゾゴイ（下欄参照）は日本を繁殖地とするサギ科の渡り鳥です。薄暗い林に住み、人目につきにくいため、その存在はあまり知られていませんが、以前は珍しい鳥ではありませんでした。しかし、一九八〇年代以降、生息数が激減し、現在の生息数は世界で一〇〇〇羽以下と推定され、国際自然保護連合（ＩＵＣＮ）のレッドデータブックでは絶滅危惧種に分類されています。日本での繁殖数も里山の減少とともに急速に減っており、このままでは絶滅は免れない、と指摘されています。

このミゾゴイがリニア建設予定沿線に棲息していることがわかっています。山梨や長野の大鹿村でも見られることが報道されています。しかしＪＲ東海の「環境影響調査準備書」には「ミゾゴイ」について触れられていませんでした。このことが山梨県で問題となり、県知事からも意見書で指

く湿っぽい環境を好み、谷や沢沿いの急斜面に生えるケヤキなど落葉樹の枝に巣を作ります。

減少の原因は、繁殖地である日本と越冬地である東アジアの森林減少や良い採食場所であった農地の開発・放棄などによる生息環境の悪化にあると考えられますが、十分な調査が行なわれておらず個体数や分布、渡りなど、詳しい生態がわからないため効果的な保護策が講じられていないのが現状です。

摘されました。そこでJR東海は二〇一四年六月に調査し、富士川町で営巣《えいそう》が確認されたことが翌二〇一五年六月に「確認調査結果」として報告しています。また環境省自然環境局野生生物課は二〇一六年六月「ミゾゴイ保護の進め方」を示しています。しかし直線コースのリニアが営巣地《えいそうち》を避けることができるわけもないでしょう。

『毎日新聞』二〇一五年二月十三日神奈川版に次のような記事が載りました。

〈相模原市緑区の渓流に、県レッドリストで希少《きしょう》種に指定されているナガレタゴガエルが生息していることが分かった。県内の生息《せいそく》域はこれまで丹沢山地だけとされていた。道志川を挟んだ対岸の地域で生息が確認されたのは初めて〉【高橋和夫】

見つけたのは、地元で生物の生息調査を続ける緑区小渕の佐藤文男さん（六十二歳）。「二〇一四年一月中旬から二月初めにかけ三回の調査で計一四七匹を発見。さらに二〇一五年一月二十五日に一七匹、二月一日に二九匹、六日には二〇匹と卵を見つけ、七日は関心のある六人で現地を観察し、二四匹を確認しました。自ら広範囲に移動するカエルでないため、丹沢山地に生息するものとは遺伝子が異なる固有種の可能性も指摘されています。生息域は河畔林が茂り、瀬とふちが連続して水量の少ない幅一～二メートルの渓流。周辺には多くの渓流がありますが、土砂が流出したり、コンクリート片が捨てられたりしている場所では確認できませんでした」と話す。

生息域の渓流を含めた現地周辺の計一〇カ所の沢の真下には、リニア中央新幹線のトンネルが計画されており、掘削工事で沢の水が枯渇し環境が悪化する懸念も出ています。リニア新幹線の事業主体であるJR東海の環境影響評価書では、ナガレタゴガエルについて全く触れられておらず、佐藤さんがナガレタゴガエルの生息について、県環境審査会にメールで「生息を承知していますか」と問い合わせをしましたが、回答はなかったということです。

また、佐藤さんは「生息域が水量の少ない渓流の上流部に限られるため、繁殖期《はんしょくき》の冬季に河川水を汚さないことが大切」と指摘しています。冬季以外は周辺山地で生活するため、川と山を遮断《しゃだん》する護岸建設は生息の障害になるといい、「トンネル掘削で沢の水が枯渇すれば、生息が危ぶまれる」とも話しています。

（懸樋）

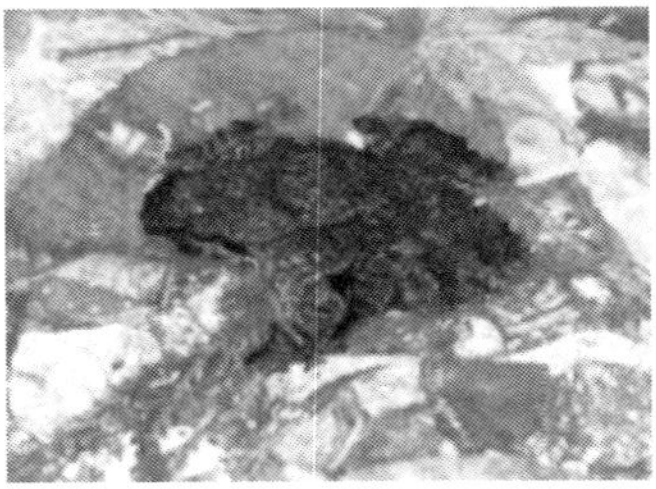

ナガレタゴガエル

Q28 岐阜のルート上の旧ウラン鉱山は安全なのですか？

ルート上にある岐阜県東濃地域にはウラン鉱床があり、ここにトンネルを掘ることでの環境汚染が懸念されます。調査は、そして安全性の確認はどうですか。

岐阜県東濃《とうのう》地区には閉山になったウラン鉱山があり、その周辺には鉱床も残っています。リニアのトンネルルートはこのウラン鉱床を避けられないようです。

岐阜県などの市民団体が東濃のリニアルート上にあたる地点で放射線測定を実施、最大で毎時〇・三四一マイクロシーベルトを計測しました。平均しても〇・二マイクロシーベルト後半の値だったとのことです（二〇一六年二月）。この数値はＩＣＲＰ基準値を超えています。ウラン鉱床の影響はルート上にも及んでいると考えられます。しかし、もしウラン残土が出てきた場合の処分方法もまったく未定です。

ＪＲ東海は、「ウランは出てこないとの前提で事業を進めている」として、東濃地域でのウランの有無を確認するボーリング調査をしていません。

〇・二マイクロシーベルト後半の値の評価

「平時」でも年間一ミリシーベルト（毎時なら〇・一一四マイクロシーベルト）を超える数値が出ている地域は環境としては当然に問題になります。

動力炉・核燃料開発事業団による、ただの文献調査だけを拠り所として「ウラン鉱床にはぶつからない」と主張しています。

恵那市の地権者が「ウランが出てきたらどうするか」と質問すると「ルートが直角に曲がってウランをさける」というような、ふざけた答えをしていたそうです。

ウラン鉱山の被害は岡山県と鳥取県とにまたがる人形峠の歴史で明らかになっています。一九九〇年代に始まったこのウラン採掘事業では鉱山労働者として従事した人たちを中心に次々と体調を崩す人たちが現われ、人口一〇〇人に満たない集落で、採掘開始後一九九四年までの間に、一四人がガンで亡くなっています。

人形峠の採掘のすぐ後に東濃地区でも採掘が始まります。結局採算がとれないことから、どちらも閉山となりましたが、人形峠で掘り出したウラン残土は半世紀以上も野積みのままです。未だに年間放射線量が一ミリシーベルトを超えているということです。

このような有害物質を含んだ地下水や土がトンネル掘削で排出されれば捨てる場所はないはずです。県外に移動すれば不法な有害廃棄物として公害問題になるでしょう。それでも掘り出すのであれば、処理費用が赤字の

一ミリシーベルト

ICRP（国際放射線防護委員会）が定めているその防護基準は「平時」で年間一ミリシーベルトです。一九九〇年勧告で決められました。二〇〇七年の勧告では「非常状況での避難参考レベル」として年間一〜二〇ミリシーベルトを基準とし、日本政府もこれに従っています。福島第一原発の事故のような「非常状態での避難レベル」は二〇ミリシーベルトとして「それ以下は帰宅してよい」という方針です。

いずれも参考レベルであり、これ以下なら健康にとって「安全である、あるいは以上は危険である」、という基準を示しているわけではありません。あくまでも原子力の施策としての数値として使用されています。

採算をさらに悪化させることは必定です。

　またウランを掘り出すとラドンガスを半永久に放出します。人形峠の坑口でのラドン濃度は一〇万ベクレルに達したことがあるとのことです（元京都大学原子炉実験所小出裕章助教）。

　こんなところにトンネルを掘ってもいいのでしょうか。


　一方、リニア中央新幹線の建設予定地周辺でＪＲ東海が実施した地下水と土壌の調査の結果、環境基準値を超す汚染物質が検出されました。中津川市山口地内、瑞浪《みずなみ》市日吉町地内で、二〇一三年六月六日、二〇一四年一月三十日、二〇一六年一月六日に基準値を超える鉛が検出、多治見市の地下水からは一八・八倍の水銀が、瑞浪市では一・四倍のフッ素が検出されました。周辺地域には、今回超過した有害物質を原料に使用する工場・事業場はないため、汚染の原因は不明とされています。

　ＪＲ東海は、この件を住民に知らせることをしませんでした。

　岐阜県は同社の認識不足として二〇一六年二月二十二日厳重注意し、このことを県のホームページに掲載しました。http://www.pref.gifu.lg.jp/event-calendar/c11264／h280222_1.html

基準値を超す有害物質の汚染が確認された場合、県は要綱に基づき事業者に報告を求めています。

さらに多治見市北丘町・大針町地内の井戸で二月と三月に採水した七つの検体から環境基準の六二倍の総水銀も検出されました。

ＪＲ東海によると、担当者が要綱（岐阜県地下水の適正管理及び汚染対策に関する要綱）の内容を知らず、最近になって把握したことから二〇一六年二月十二日に県に相談、広報担当者は「岐阜県も連携し、要綱に基づき関係機関への報告について適切に対応したい」と話した、ということです。

（朝日新聞二〇一六年二月二十二日などより）

（懸樋）

Q29 リニアは景観にどのような影響があるでしょうか？

リニアのほとんどは地下を走るので景観に及ぼす影響は少ないと言えますが、地上部（明かり区間）では巨大な構造物であるだけに影響は甚大です。

東京～名古屋間二八六kmのうち、八六％はトンネルですから、景観に与える影響はありません。しかし山梨の二七km、岐阜の七km、長野の四kmは、地上部（明かり区間）を走ります。地上部では、およそ二〇～三〇mの高さの橋梁が設置され、その上に八m程度のフードや防音用の防音壁が造られますから、巨大な土管のようなコンクリートの構造物が屹立《きつりつ》することになります。したがって周囲の景観に与える影響は、尋常なものではないと言えるでしょう。

では少し個別の事例について見てみます。まず山梨県の場合です。左頁の写真1は甲府市南部の曽根丘陵公園から、リニアの施設を眺めたものです。山寄りの部分に横に長く鉄道施設が見えますが、これについてアセス評価書には「眺望景観に変化は生じず、スカイラインの分断は無い」とされています。あたかも景観に何も問題がないような記述になっていますが、それは当然のことです。なぜかと言えば景観に変化を生じ、スカイラインを分断するような視点場を選んでいないからです。

また次頁の写真2は、南アルプス市の中部横断自動車道を跨ぐところです。これについてアセス評価書は、「鉄道施設は煩雑性の軽減を図ったディテールの工夫等により圧迫感が軽減され、橋脚と桁のバランスに配慮することで、地域景観との調和が図られている」としています。すでに中部横断道で景観の大破壊があり、その上に二つ目の大破壊を起こしているのに、調和が図られているというのです。

岐阜県可児市の久々利《くくり》大萱《おおがや》地区は、伝統的な志野焼の産地で、現在も古窯が少なからず残されている歴史的な風土です。ここに高架の鉄道

写真１上　甲府市南部の曽根丘陵公園から西北方向を眺めたもの。
　　　下　右半分の山寄り部分にリニアの高架施設が予測されている。

出典）浅見和彦、川村晃生著『失われた日本の景観』緑風出版より

写真2　南アルプス市の中部横断道（高速道路）。上の写真の場所に、リニアの高架施設が架かった後が下の写真。

出典）浅見和彦、川村晃生著『失われた日本の景観』緑風出版より

施設が設置されて、地域を分断することになりますが、写真3（次頁）はその高架施設が遠くに見えて、景観をあまり阻害していないように見えます。しかしこの視点場から少しずつ施設に近づいて行けば、だんだんと風景がこの施設によって傷つけられる度合いが大きくなっていくのです。これもスカイラインの分断が起らないような視点場が選ばれていると言ってよいでしょう。つまり風景の切り取り方が恣意的なのです。

また長野では、「座光寺の農村風景継承地域」のような優れた文化的景観が選定対象から見落とされているという問題も出ています。

長野の説明会では、「遠くの人たちから見ればいい景観かもしれないが、近所の人たちからは山梨の実験線を見ても気の毒な姿だ」という意見も出ています。また、山梨の公聴会でも、住民から景観に対して多くの意見が出されました。富士山、南アルプス、八ヶ岳の眺望に大きな阻害が出るとして、「コンクリートの塊が大きなストレス」「桃源郷とも言うべき山梨の景観が失われる」「景観について是とする評価ばかりであきれてしまう」といった意見が続出しました。

アセスの恣意的で杜撰な景観評価では、各地の景観資源が台無しになってしまう可能性があります。

（川村）

写真３　久々利高架橋

出典）岐阜県のアセス評価書の資料編より

Q30 説明会やパブコメはどのように行なわれましたか？

説明会やパブコメは、リニアに対する国民の意向を知る上で、大変重要な役割を担っています。はたして、民意は反映され、住民の理解は得られたでしょうか？

ＪＲ東海と国土交通省は、リニア新幹線計画をすすめるにあたって、あたかも民意を無視しないという態度をとっているように見えます。それは、パブリックコメント（パブコメ）の聴取と説明会の実施という二つの行為に表われているのですが、しかし内実は、それによって民意が反映されたかというと、まったく無視されたというに等しいのです。

国交省に設置された中央新幹線小委員会は、リニアの計画途上において国民から意見を聞こうとパブコメを実施、二〇一一年五月までに八八八件のコメントが集まりました。そのうち中止や再検討という反対意見が六四八件、推進はわずか一六件にとどまりました。ところがこれを家田仁委員長は、答申を覆すものではないと無視し、国交省は組織的な投稿だからと軽んじたのです。かりにもしそれが組織的なものであったとしても、組織的にそれがなされるほど国民の反対の意志が強かったと考えるのが普通だと思うのですが、国交省はこれを歪《ゆが》めて受け止めたのです。

こうした民意無視の態度は、ＪＲ東海が実施した説明会の実態にも表われています。ＪＲ東海は、事業計画、環境アセス、工事計画など、その都度説明会を沿線各地で開いています。この沿線各地の説明会は、その手法がどこでも共通しています。開催時間はおよそ二時間、そのうち冒頭の三十分ほどはＪＲ東海による事業内容の説明があります。そして残り時間で質疑が行なわれるのですが、制約が設けられていて、質問は一人三問までで、しかも同時に質問をしなければなりません。そして同一人は再質問ができません。ですから質問をして回答をもらったのち、その回答が不備であってもそれを問い質《ただ》すことができないのです。そのやり方に不満を言っても、ＪＲ東海はそれを絶対に修正しませんでした。そして参加者が聞きたい情報、たとえばトンネルの出入口の位置とか、電磁波の数値とかは、今は答えられないとか公表できないと答えるばかりです。

しかも会場から質問の挙手がいくら上がっていても、時間が来るとタイムオーバーを理由に質問を打ち切ってしまいます。つまり質問した人にも質問できなかった人にも不満が残り、「そんなバカな」とか「ふざけるな」

制約

説明会の大きな制約の一つに、報道関係者の締め出しを挙げることができます。説明会の始まる前の会場のみ撮影の許可が下り、あとはカメラも新聞記者も中に入れません。ＪＲ東海は、質問者が自由に気安く質問できるようにするためと説明しますが、よけいな気遣いで、そのために説明会の実態が市民に伝わりませんでした。取材者は説明会が終わるのを待って、会場出口の辺りで参加者から説明会の様子を聞くにとどまったのです。

といった怒号まで飛び交うことになりました。

また自治体の中でも広域の市民を対象とした説明会を行なったあと、沿線直近の住民だけを対象とした説明会が開かれました。不安を抱える沿線住民が再度その説明会に参加してみると、広域用のものとまったく同じ内容で、何ら新しい情報が示されるわけではありませんでした。

こうしたパブコメや説明会のやり方を見ていると、真剣に住民の意見を聞こうとする態度があったとは思えません。それは単に法の手続き上、瑕《か》疵《し》を残さないためであったように思われます。環境アセス同様、アリバイ作りに過ぎなかったと言ってよいでしょう。

（川村）

法の手続き

ＪＲ東海は、法の手続きを踏むということを必須条件にしていたように思われます。逆に言うと、法の手続きさえ踏めばあとはＯＫということになりかねません。山梨県甲府市で開かれた環境アセスの説明会で、二八六㎞もの長い範囲のアセスを三年でやるのは無理ではないかという質問に対して、法に従ってやるだけだと答えていましたが、この回答がすべてを物語っているように思われます。

Q31 沿線の住民はどのように受け止めているのでしょうか？

リニアが通過する各都県の沿線の住民は、居住地やリニアの知識などによってリニアを受け入れる温度差が生まれています。実状はどうでしょうか。

沿線住民はリニアに対して、「漠然とした期待」を持っていると言えそうです。もちろんリニアの沿線の近くに住んでいるか遠くに住んでいるか、リニアによる経済的利益に絡むか否か、リニアの負の側面を含め実態を知っているか否か、などによってリニアの受け止め方はかなり異なってきます。当然のことですが、住居から遠ければ無関心、実態を知らなければ「あれば便利かも」という程度の反応が主だったものになります。

たとえば一例として、山梨日日新聞（二〇一四年一月一日付）に掲載された「県民一〇〇人アンケート」を見てみましょう。まず「リニア開業に期待するか」に対しては「期待する」が七三％、「期待しない」が一三％、「どちらでもない」が一一％です。圧倒的に多い「期待する」の理由としては、「リニアが走れば活性化する」とか、「移動時間が飛躍的に短縮されるのが楽しみ」といった時間短縮への期待が大きいようです。

次に「開業で山梨は良くなるか」という設問に対しては、「どちらかというと良くなる」が六四％、「変らない」が一七％、「どちらかというと悪くなる」が二％でした。「良くなる」の理由としては、「富士山の観光客が増える」とか、中には「良くしないといけない」といった今後の努力義務を挙げる人もいました。

そして「開業は自分の暮らしに影響するか」に対しては、「影響する」が五〇％、「影響しない」が三五％、「どちらでもない」が三％です。前二問に比べてみれば、自身の生活に与える影響は少ないと言えそうですが、ここでも「影響」の内容としては「都内に住む娘に会いやすくなる」とか「関西への進学や就職がしやすくなる」といった時間短縮の効果が大きいと考えている人が多いことが分かります。

否定的に考える人の意見としては、「便利になる地域が限られている」とか、「電磁波に多少の不安を感じる」というものにとどまり、全体的に見ると、リニアができた方がよいと考える人の方が圧倒的に多いということが言えそうです。

実験線ができてある程度の被害状況も報道されている山梨県でさえこう

富士山の観光客

リニア新幹線の山梨県駅は甲府市南部に作られることになっていますので、富士山からは相当に離れています。もし山梨県駅が都留市や富士吉田市にでも作られるのなら、富士山の観光客が増えることはあり得ないわけではありません。しかし実際は山梨県駅から富士山までは、直線距離でも三〇㎞以上あり、この山間地を車で移動することを考えると、リニアの時間短縮はあまり効果を発揮しません。

そこで山梨県は、山地にトンネルを掘って富士山へのアクセスをよくしようという計画を練っています。これも富士山が世界文化遺産になってから、とくに海外からの観光客が増えていることが大きな理由なのですが、こうした一時的なブームに乗って、山梨県駅と富士山とのなのですから、地域全体の沿線の住民の受け止め方は推して知るべしでしょう。何と言っても「早くて便利」を宣伝してきた事業者や行政の声に、完全に圧倒されてしまったと言えるようです。もしリニアの負の部分、たとえば過剰なエネルギー消費（Q８参照）とか危ない財政や費用（財投、Q19参照）の問題とか、あるいは南アルプスをはじめとするトンネル掘削（Q21、24参照）等の自然破壊の真実を知ったなら、こういう結果にはなっていないでしょう。

それだけに沿線まぢかの、被害を受ける住民の声は、そうした大多数の受け止め方の中で孤立していく可能性があります。住民の不満は説明会の項（Q30）を読んでいただければわかりますが、被害を蒙る少数派の声を被害と無縁な多数派の声で打ち消し、事業の追い風にするのは、健全なやり方とは言えません。

（川村）

距離や交通上の問題なども考慮せず、「富士山の観光客が増える」ことを「良くなる」と考える、そのことが「漠然とした期待」の実態と言えるでしょう。

否定的に考える

リニア新幹線を否定的に考える理由に、エネルギー、財投、自然破壊などを挙げる人がほとんどいないということ自体、リニアを受け止める市民側の「リニアを考える力」の不足が露呈されていると言えるでしょう。

Q32 裁判が進行していますが争点は何ですか？

リニアの工事の認可をめぐって、とうとう裁判が始まりました。裁判ではいったい何が争われるのでしょう。また裁判によって工事が中止になるのでしょうか。

いまリニア新幹線をめぐって起こされている裁判は、国土交通省を被告とする「工事実施計画認可取消訴訟」です。原告は沿線の一都六県の住民を中心とする七三八名（うち二四名は異議申し立てに不参加のためのちに除外）で、二〇一六年五月二十日に東京地方裁判所に提訴しました。現在弁護団は二八名です。

この裁判は、国交省がＪＲ東海に工事の認可を下すに際し、法的手続きの上で瑕疵《かし》があったことを証明し、従って認可は誤りであったことを明らかにしてそれを取り消させることを目的としています。

この訴訟では、大きく分けて二つの法律上の問題点を争点としています。一つは鉄道事業法（以下鉄道法）に関わるものです。リニア新幹線は、全国新幹線鉄道整備法（以下全幹法）に基づいて認可されています。しかし、

鉄道事業法

一九八六年制定。鉄道事業の運営を適正かつ合理的にすることにより、輸送の安全性や利用者の利益の保護を目的とするものです（資料参照）。

まず全幹法じたいにおいて、リニアは同法が目的とする全国的な鉄道網の形成や、全国の中核都市の有機的連携等に合致していない点で違法の疑いがあります。

次に鉄道法との関連を見てみましょう。鉄道法は鉄道事業全体の根幹を決める法律とも言うべきものですが、被告はこれにいっさい触れていません。原告側はその点を厳しく問おうとしており、裁判官も第二回口頭弁論において、被告に鉄道法に言及しなくてよいのかと問い質《ただ》しています。ではリニアは鉄道法に照らして言うと、何が問題になるのでしょうか。

鉄道法は事業の許可基準について、事業の計画が経営上適切であること、また輸送の安全上適切なものであること、さらにその事業の遂行上適切な計画を有し、遂行するに足る能力を有していることなどを条件としています。原告側は、JR東海の山田佳臣元社長の「リニアは絶対ペイしない」という発言をはじめとして、もろもろの根拠を上げ、鉄道法の違反を争点にしていくことにしています。

さてもう一つは、環境影響評価法（以下アセス法）違反を争点とするものです。環境アセスじたいの問題点については「Q６」に記してありますが、ほぼそこに示されている問題点と同様なことがらが争われることにな

全国新幹線鉄道整備法（全幹法）

一九七〇年制定。一九六九年に制定された「新全国総合開発計画」のもとに、新幹線の全国的整備を目的として定められたものです（資料参照）。

環境影響評価法

一九九七年制定。開発事業によって影響を蒙る環境の保全を図るために、行なわなければならない手続き等を定めたものです（資料参照）。

ります。言うまでもなく今回行なわれた杜撰《ずさん》なアセスは、環境保全のために定められたアセス法の目的や趣旨に違反するものです。とくにアセスの最終段階において、国交大臣の意見として、地元の理解と協力、透明性の確保のもとに、河川水の利用への影響の回避、建設残土の有効利用と運搬時の環境負荷の低減、磁界に関する丁寧な説明などが求められました。しかしほとんどが修正されることなく認可に至ってしまいました。これではアセスの手続きが終わったとはとても言えません。

わが国では、行政訴訟はきわめて原告側が不利の状態にあります。それは行政の裁量権が大きく認められていることによっています。従って勝訴への道のりは厳しいでしょうが、リニア計画の問題点を明らかにし、人々の理解を深めていくことも訴訟の意味として重要でしょう。

（川村）

行政の裁量権

行政処分の自由裁量権のことで、行政がたとえば道路やダムを作る場合、いつどこで、どのように作るかを、いろいろな条件を検討しながら行なう処分の裁量権のことを言います。事業をめぐって、合法か違法か、正当か不当かが問題になることが多いのですが、行政訴訟においては（たとえ不当であっても）違法ではないと解釈されるケースが多くあり、提訴しても行政の裁量権が広く認められるために、原告が勝訴することは難しいのが現状です。

しかし、そもそも行政は国民の信託に基づいて行なわれるものですから、国民の意思を反映せねばならないはずであり、行政の特権的な自由裁量権はおかしいとも言えます。

Q33 リニアによる時間短縮や速さは人間や社会に何をもたらすのでしょうか？

交通機関の長足の進歩によって、時間がどんどん短縮され、より経済的繁栄がもたらされると言われています。しかしその中で、人間はどうなっていくのですか。

東京～名古屋間が四十分、東京～大阪間が六十七分と、リニア新幹線は在来の新幹線に比べて大幅な時間短縮を可能にします。いったいこうした極端なスピード化は、何を目的とし、何をもたらすのでしょうか。

リニアを推進する側は、高速化によって東京～大阪間の地域が七〇〇〇万人の超巨大都市に変貌し、これまでとはまったく異なった流通、移動体系のもと、新しい経済社会が実現すると主張しています。そしてそれによって、飛躍的な経済成長が見込めると予測しています。実際、新しい経済社会が作られることはまちがいないでしょう。しかしそれによる経済成長がどの程度のものかは分かりませんし、かりにそうなったとしても、それが社会に住む一人一人の個人に何をもたらすかは、また別の問題です。

東海道新幹線のケースを考えてみましょう。この新しい高速鉄道ができ

超巨大都市

リニアによる「超巨大都市」の実現は、おそらく困難でしょう。確かに時間の短縮は可能になるのですが、移動するための費用がかかりすぎるので、たとえば首都圏と同じような移動形態は起こりません。従って都市機能はそこに生まれ難いと思われます。またリニアは、物流がまったく機能しませんので、物質（原料、製品等）もリニアによって動くことはありません。これも都市機能としては不全と言えます。

たことによって、人々の、とくにサラリーマンなどの生活は急に忙しくなりました。ある報道番組でサラリーマン某氏は、当時のことを振り返って、新幹線ができてから毎日、あっち行けこっち行けと行かされるようになり、退職した今でもその夢を見ると言っています。かつては一泊二日のゆったりとした出張も、日帰りの出張が当たり前になりました。そして仕事の密度はどんどんと濃くなり、人間を追い込んでいったのです。

速い鉄道ができれば時間の余裕が生まれるのだから、その時間をもっと有効に使ってのんびりとすればよいではないか、と考える人がいるかもしれません。しかしそんなことは許されないのです。なぜならそんなことをしたら、その人の会社は他の会社との競争に負けて、社会から葬られてしまうからです。

つまり社会や鉄道が高速化すれば、人間はがんばってそのスピードについていくしかないのです。在来の新幹線でさえ忙しさに苦しめられたのですから、リニアの場合はいっそう、ということになるでしょう。

生物学者の本川達雄さんは、生物の時間意識と心臓の脈拍数との関係を説いています。一分間に七〇前後の脈拍数である人間は、それに見合うスピードが最もふさわしく、、今のスピード社会についていこうとすると、

競争
文明が発達すると競争が激化するということは、早くに夏目漱石が「現代日本の開化」(一九一一)という講演の中で説いています。
漱石は競争の激化の問題を、「今日は死ぬか生きるかの問題は大分超越している。それが変化してむしろ生きるか生きるかという競争になってしまったのであります。(中略)Aの状態で生きるか、Bの状態で生きるかの問題に腐心しなければならない」と説明しています。百年以上も前に発せられた漱石の予言が、まさに現実に起こっていると言っていいでしょう(Q35参照)。

本川達雄(一九四八〜)
動物生理学専攻。時間とエネルギー消費、時間と生体との関係など

社会がはるかに人間のスピード感覚を越えているため、現代人は多大なストレスを抱《かか》えざるを得なくなります。

ほんとうにいまの日本人は、いま以上のスピード化を望んでいるのでしょうか。朝日新聞（二〇一三年十月二十六日付土曜板）に掲載されたアンケート調査では、リニアを「必要」「どちらかといえば必要」が三七％、「不要」「どちらかと言えば不要」が五四％となっています。Q31に記した地元住民の「漠然たる期待」とはちがって、もはや日本人全体では、リニアなどによってこれ以上速くなることを望んでいないように思われるのです。リニアを考える時、私たちは人間にとってのスピードの意味を真剣に考える必要がありそうです。

（川村）

を、独自の観点から考察。現代社会の時間のあり方に有意義な示唆を与えている。著書に、『時間』（日本放送出版協会、一九九六年）や『ゾウの時間ネズミの時間』（中央公論新社、一九九二年）などがある。

Q34 リニアの便利さをどれだけの人が享受できるでしょうか?

リニアは、便利と思う人は多いでしょう。ではその便利さをどれほどの人が享受できるか、具体的な例に沿ってこの問題を考えてみると疑問も多いのです。

スピードが速くなればそれだけ便利になる、ということをいちおう真実と仮定して話しを進めてみましょう。リニアは東京〜名古屋間を直行便で四十分で結ぶ速さが売りになっています。ですから現在東海道新幹線（のぞみ）を利用して同区間を百分で行き来している人には、かなり便利なものになるはずです。何と言っても倍以上の時間短縮は、便利この上ないと言えるでしょう。

つまり東京から名古屋（あるいは逆方向も）に出張とか旅行をしばしばする人にとっては、確かにリニアは便利な乗り物になるはずです。あるいはこれからリニアを使って、東京〜名古屋間を通勤したり通学したりしようとする人にとっても便利なものになるでしょう。東京都の中央線で言えば、東京〜三鷹間が約四十分程度ですから、完全な通勤、通学可能範囲になり

出張と旅行

出張は、通信機器（メール、携帯電話、スカイプ等）の発達により、だんだんと少なくなるものと思われます。つまり人がお金をかけて早く移動する必要が減っていくということです。企業は費用のかかる出張をできるだけ減らす方向に進むでしょう。また旅行にしても、あまりにも早く、トンネルばかりのもぐら列車では、旅の楽しみが半減すると言えるでしょう。ビールを飲んだり、ゆっくりおしゃべりしてこそ、旅の醍醐味があるというものです。

ます。とは言っても、東京~品川両駅間の移動に使う時間や、品川、名古屋とも地下深く駅が造られますのでその乗り換えのための移動時間を考慮すると、全部で二十~三十分程度を必要とするでしょうから、実際はそれほど大きな時間短縮にならないようにも思われます。また、同じ四十分でも、運賃が、中央線では四〇〇円程度ですが、リニアでは一万五〇〇〇円近くになりますから、時間だけで便利さに換算し得るわけではありません。

ともかくこのスピードを巧みに利用して、収益を上げることができるのであれば、企業の中にもリニアの便利さを享受できる会社は出てくるでしょうから、その意味では便利さの享受は広がると言えます。もっともその中で労働に従事する人々も、企業と同様かと言えば、労働量が増えることは確実ですから、いちがいに肯定することはできません。

さて以上は、東京~名古屋間の直行便を利用する人たちのことです。では同じようなことが中間駅のできる神奈川、山梨、長野、岐阜各県でも起るのでしょうか。そこで山梨の場合を例として考えてみましょう。

現在山梨は、県都甲府市と東京（新宿駅）の間を特急「あずさ」や「かいじ」で約一時間三十分~四十分で結んでいます。もしこの区間をリニアで結んだらどうなるでしょうか？　甲府駅からリニアの山梨県駅（甲府市）

中間駅

品川駅を出発したリニアは、途中相模原市（神奈川県）、甲府市（山梨県）、飯田市（長野県）、中津川市（岐阜県）に停車します。甲府市が県都であることを除くと他の都市は、それほど地域の中核となるような都市ではありません。全国新幹線鉄道整備法第三条には、新幹線は「全国の中核都市を有機的かつ効率的に連結するもの」であることが明記されています。これらの都市が、ほんとうに中核都市と言えなければ、全幹法の趣旨に合わないことになります。

までアクセス交通で二十分、十五分程度の乗り継ぎ時間で東京（品川駅）まで二十五分、また乗り継ぎ時間十五分があって、新宿駅までの移動に二十分、計一時間三十五分となり、在来の中央線と変わらないのです。しかも運賃は「あずさ」のクーポン券利用の場合の二八八〇円を基準とすれば、リニアは倍近くの料金が必要です。加えて「あずさ」、「かいじ」は一時間に二本ですが、リニアの場合は一時間に一本ですから、そうした利便性も半減します。

リニアの中間駅は、在来線の駅と離れれば離れるほど乗り換え時間がかかり、利便性は少なくなります。確かにリニアの駅近辺にたくさんの人が住んでおり、それを利用する人が多いのであれば、便利さを享受する人も増えるでしょう。しかしリニアの中間駅は、神奈川を除いて、比較的人口の少ない所に立地されることになっています。もちろん建設費用の問題が関わっているのでしょうが、こう考えてくるとリニアの便利さを享受できる人は、意外に少ないのかもしれません。

（川村）

Q35 速くするためのエネルギーは人間を幸福にするのでしょうか？

速くなれば幸福になる、ということは本当なのでしょうか。それを考えるためには、私たちはまず一人一人が「幸福とは何か」を考えなければならないはずです。

リニア新幹線は、厖大なエネルギーを必要とします。それについてはQ8のエネルギーの項で説明されていますが、しかし在来の新幹線の数倍のエネルギーを使っても、せいぜい倍程度のスピードしか出せないのですから、エネルギーの無駄使いであることはまちがいありません。

ではそうまでしてリニアを動かすことで、人間は幸福になるのでしょうか。Q33でリニアが人間の社会に何をもたらすのかを示しましたが、もう一歩踏み込んで、リニアと私たちの幸福の関係を考えてみましょう。

この関係は、スピード社会と幸福の関係に置き換えてもよいでしょう。日本は明治の文明開化以来、ひたすらスピード化を求めてやってきました。たとえば東海道本線ひとつをとっても、時を追って時間が短縮され、今や東京~大阪間が「のぞみ」で二時間四十分です。特急「つばめ」で東京~

文明開化
明治維新と同時に、日本は西欧列強の侵略を危ぶみ、西欧と同じような文明国になり、対等の武力を持とうと努めました。日本の急速な西洋文明の移入には、そういう背景があったのですが、その思想的潮流を作っていったのは福沢諭吉であったと思われます。そしてこの文明開化は、百五十年経た今でも続いていると言えるでしょう。

神戸間が九時間でしたから、約三分の一の時間短縮です。ではそれに見合うだけの幸福を、私たちは手に入れたのでしょうか。

夏目漱石（一八六七〜一九一六年、小説家）は、イギリス留学を経験して、文明の負の部分に直面し、以後文明や科学と人間の関係を真剣に考えていくことになります。一九一一年に和歌山市で行なった講演「現代日本の開化」（岩波文庫『漱石文明論集』所収）には、そのことが最も具体的に語られています。そこでは、文明が発達すれば生活の程度は上がるかもしれないが、生存の苦痛も増えるという、文明の持つ最も本質的な問題が指摘されています。該当部分を要約すれば、〈やりたいことは出来るだけやり、やりたくないことはやらないですませるために、人間は文明を発達させてきた。したがってその結果として、昔よりも生活が楽になっていなければならないはずだ。しかし、実際はどうだろうか。ほんとうのところを言えば、私たちの生活はかなり苦しい。それはなぜか。文明が進めば進むほど競争が激しくなっているからだ。文明によって一般に生活の程度が高くなったことはなったが、生存の苦痛が和らげられたということではない〉ということになります。

一方アインシュタインは、こうも言っています。「かりに同一量の石炭

イギリス留学

明治三十三（一九〇〇）年に渡英した漱石は、ロンドンで次のようなことを感じ、考えていました。当時のロンドンは、石炭文明による産業革命のさなかでした。

(1) 石炭の煤煙《ばいえん》による大気汚染。つまり環境破壊。

(2) 文明の発達による人間の多忙化。

(3) 文明の発達とともに、金の力が増大したこと。

今思えば、現在起こっていることが、百年以上も前に漱石によって発見され指摘されていたのです。

から得られるエネルギーがずっと増したとすれば、現在よりも多数の人間が生存し得られるかもしれないが、そうなったとした場合に、それがために人類の幸福が増すかどうかそれは疑問である」。アインシュタインも漱石と同じようなことを考えていたのかもしれません。

「リニアができれば、親の死に目に会える」と言った人がいます。しかしその人は、リニアがなければ親の死に目に会えないような社会がおかしいとは思わないのでしょうか。幸福という観点から言えば、親の死ぬ時くらいいっしょに時を過ごす方が望ましいのではないかと思うのですが、いかがでしょう。

あらゆる環境に負荷をかけ、厖大なエネルギーを使ってリニアを走らせる、そういう社会が私たちに幸福をもたらすのかどうか、じっくりと考えてみる必要がありそうです。

（川村）

アインシュタイン

一八七九～一九五五。理論物理学者。相対性理論によって、ニュートンの物理学を根本的に考え直しました。アインシュタインのこの発言は、寺田寅彦（漱石の弟子で物理学者、随筆家）の「アインシュタイン」（一九二一）というエッセイの中にみられます。

Q36 リニアのメリットとデメリットの比較

リニアの問題点をみてきました。そのメリットとデメリットを聞かれることがあります。最後にその比較について、実際のところをまとめてみましょう。

ひとつのテーマを問い、論じる際には公平に事実を見るために推進派の「メリット」と反対派の「デメリット」の主張のどちらも同じ量で書くべきでしょう。この書でもそのようにするつもりでした。しかしリニア問題では実際にデメリットが圧倒的に多くなっています。どう公平に見ても「リニアのメリット」は見つからないからです。メリットをあえてあげれば「速いこと」、これだけではないでしょうか（しかも「速いこと」がメリット一辺倒であるかと言えば、必ずしもそうとは言えません）。

推進側が主張する経済効果、地域の活性化など、実は絵に描いた餅で、これまでの新幹線の新しい路線や空港、高速道路などが建設された結果をみても、ほぼどこも見込み通りにはなっていません。さらにリニアは採算は採れないと考えた方が正しいようですから（Q18）、波及する効果はなく、投入した資金をばらまくだけの結果になってしまう可能性が高いと思われます。速いという「メリット」についてもそれに引き換えとなるエネルギーの多さ、そして沿線の環境破壊や社会生活の繁忙化など、交換するには代償のほうがあまりにも大きく、結果としてメリットとは呼べないことになってしまいます。

あと残るのは「夢」という正体不明の抽象です。これらの実体は本文に説明してきた通りです。

原稿を書いている段階でリニア新幹線のトンネル工事が各地で開始されました。住民に対してまったく不十分な説明のままです。その説明不足は環境アセスに対して違法と言ってよいほどのものです。

つまり当初どこを通るのかの詳細な確定ルートを示さず、またどこにどのような構造の駅を作るのか、車両基地などの施設の場所さえも漠然とした図示を行なうだけでアセスを終わらせ、さらに環境影響調査に住民や知事の意見をほとんど反映させることもなく、ルートを決め工事を始めてしまったのです。さらに新たにリニアのための変電施設や高圧送電線の建設計画についても、まったくの後追いの形で山梨県では今になって住民に説明を始めている始末です。

JR東海は住民にとって迷惑な事実を徹底して隠したまま、計画を遂行しようとしているのです。マスコミもこれに従って報道し、いわば「夢」を伝えるのみでここまで来ています。電力会社と同様にJRはテレビ、新聞にCMを出しています。そのためテレビなどでは各地で起きている水涸れやこれから壊される自然のこと、採算性についてもほとんど語られない状態なのです。現に放送が予定されていたリニア予定地の現場を取材した報道番組が、放送直前にドタキャンされたことがあります。

したがって公平に真実を伝えるという趣旨のもとで書かれた本書は、必然の結果としてデメリット側の量が圧倒的に多くなってしまいました。

夢を語ることの裏にあるものを明らかにするのでなければ、公正な事実を求めることも出来ません。リニア問題も裏の部分をすべてさらけ出すことから出発しなければならないものと確信します。

二〇二〇年の東京オリンピックは、テロ対策を口実にして共謀罪法案を成立させ、安倍政権は改憲も目論んでいます。戦争を待望している武器商人のように、住民の平穏な生活を脅かし、社会に負荷をもたらすような高速交通の計画と工事が本音をかくしたまま進められることは、子どもたちの未来のためにも避けるべきだと思いながら本書をまとめました。

（懸樋、川村）

プロブレムQ&A

III

資料

鉄道事業法（抄）

（昭和六十一年十二月四日法律第九十二号）

第一章　総則

（目的）

第一条　この法律は、鉄道事業等の運営を適正かつ合理的なものとすることにより、輸送の安全を確保し、鉄道等の利用者の利益を保護するとともに、鉄道事業等の健全な発達を図り、もつて公共の福祉を増進することを目的とする。

（定義）

第二条　この法律において「鉄道事業」とは、第一種鉄道事業、第二種鉄道事業及び第三種鉄道事業をいう。

2　この法律において「第一種鉄道事業」とは、他人の需要に応じ、鉄道（軌道法（大正十年法律第七十六号）による軌道及び同法が準用される軌道に準ずべきものを除く。以下同じ。）による旅客又は貨物の運送を行う事業であつて、第二種鉄道事業以外のものをいう。

3　この法律において「第二種鉄道事業」とは、他人の需要に応じ、自らが敷設する鉄道線路（他人が敷設した鉄道線路であつて譲渡を受けたものを含む。）以外の鉄道線路を使用して鉄道による旅客又は貨物の運送を行う事業をいう。

4　この法律において「第三種鉄道事業」とは、鉄道線路を第一種鉄道事業を経営する者に譲渡する目的をもつて敷設する事業及び鉄道線路を敷設して当該鉄道線路を第二種鉄道事業を経営する者に専ら使用させる事業をいう。

5　この法律において「索道事業」とは、他人の需要に応じ、索道による旅客又は貨物の運送を行う事業をいう。

6　この法律において「専用鉄道」とは、専ら自己の用に供するため設置する鉄道であつて、その鉄道線路が鉄道事業の用に供される鉄道線路に接続するものをいう。

第二章　鉄道事業

（許可）

第三条　鉄道事業を経営しようとする者は、国土交通大臣の許可を受けなければならない。

2　鉄道事業の許可は、路線及び鉄道事業の種別（前条第一項の鉄道事業の種別をいう。以下同じ。）について行う。

3　第一種鉄道事業及び第二種鉄道事業の許可は、業務の範囲を旅客運送又は貨物運送に限定して行うことができる。

4　一時的な需要のための鉄道事業の許可は、期間を限定して行うことができる。

（許可申請）

第四条　鉄道事業の許可を受けようとする者は、次に掲げる事項を記載した申請書を国土交通大臣に提出しなければならない。

一　氏名又は名称及び住所並びに法人にあつては、その代表者の氏名

二　予定する路線

三　経営しようとする鉄道事業の種別

四　業務の範囲を旅客運送又は貨物運送に限定して許可を受けようとする場合には、その旨

五　期間を限定して許可を受けようとする場合には、その期間

六　鉄道事業の種別ごとに、国土交通省令で定める鉄道の種類、施設の概要、計画供給輸送力その他の国土交通省令で定める事業の基本となる事項に関する計画（以下「事業基本計画」という。）

七　その事業の開始のための工事の要否

八　第一種鉄道事業を経営しようとする場合であつて、鉄道線路の譲渡を受け、又は鉄道線路を使用させるときは、その旨並びにその相手方の氏名又は名称及び住所

九　第二種鉄道事業を経営しようとする場合には、鉄道線路の使用を許諾する者の氏名又は名称及び住所

十　第三種鉄道事業を経営しようとする場合には、鉄道線路を譲渡するか又は使用させるかの別並びにその相手方の氏名又は名称及び住所

2　前項の申請書には、事業収支見積書その他国土交通省令で定める書類を添付しなければならない。

3　国土交通大臣は、申請者に対し、前二項に定めるもののほか、当該申請者の登記事項証明書その他必要な書類の提出を求めることができる。

（許可基準）

第五条　国土交通大臣は、鉄道事業の許可をしようとするときは、次の基準に適合するかどうかを審査して、これをしなければならない。

一　その事業の計画が経営上適切なものであること。

二　その事業の計画が輸送の安全上適切なものであること。

三　前二号に掲げるもののほか、その事業の遂行上適切な計画を有するものであること。

四　その事業を自ら適確に遂行するに足る能力を有するものであること。

2　国土交通大臣は、鉄道事業の許可を受けようとする者の申請により、特定の目的を有する旅客の運送を行うものとして国土交通省令で定める要件に該当すると認める鉄道事業について、その許可をしようとするときは、前項の規定にかかわらず、同項第二号及び第四号の基準に適合するかどうかを審査して、これをすることができる。

3　国土交通大臣は、第三種鉄道事業の許可をしようとするときは、当該事業により敷設される鉄道線路に係る第一種鉄道事業又は第二種鉄道事業の許可と同時にするものとする。

（中略）

（工事の施行の認可）

第八条　鉄道事業者は、国土交通省令で定めるところにより、鉄道線路、停車場その他の国土交通省令で定める鉄道事業の用に供する施設（以下「鉄道施設」という。）について工事計画を定め、許可の際国土交通大臣の指定する期限までに、工事の施行の認可を申請しなければならない。ただし、工事を必要としない鉄道施設については、この限りでない。

2　国土交通大臣は、工事計画が事業基本計画及び鉄道営業法（明治三十三年法律第六十五号）第一条の国土交通省令で定める規程に適合すると認めるときは、前項の認可をしなければならない。

3　国土交通大臣は、鉄道事業者から申請があつた場合において、正当な理由があると認めるときは、第一項の期限を延長することができる。

（工事計画の変更）

第九条　鉄道事業者は、工事計画を変更しようとするときは、国土交通大臣の認可を受けなければならない。ただし、国土交通省令で定める軽微な変更については、この限りでない。

2　前条第二項の規定は、前項の認可について準用する。

3　鉄道事業者は、第一項ただし書の国土交通省令で定める軽微な変更をしようとするときは、その旨を国土交通大臣に届け出なければならない。

（中略）

（輸送の安全性の向上）

第十八条の二　鉄道事業者は、輸送の安全の確保が最も重要であることを自覚し、絶えず輸送の安全性の向上に努めなければならない。

（安全管理規程等）

第十八条の三　鉄道事業者は、安全管理規程を定め、国土交通省令で定めるところにより、国土交通大臣に届け出なければならない。これを変更しようとするときも、同様とする。

2　安全管理規程は、輸送の安全を確保するために鉄道事業者が遵守すべき次に掲げる事項（第三種鉄道事業者にあつては、第五号に係るものを除く。）に関し、国土交通省令で定めるところにより、必要な内容を定めたものでなければならない。

一　輸送の安全を確保するための事業の運営の方針に関する事項

二　輸送の安全を確保するための事業の実施及びその管理の体制に関する事項

三　輸送の安全を確保するための事業の実施及びその管理の方法に関する事項

四　安全統括管理者（鉄道事業者が、前三号に掲げる事項に関する業務を統括管理させるため、事業運営上の重要な決定に参画する管理的地位にあり、かつ、鉄道事業に関する一定の実務の経験その他の国土交通省令で定める要件を備える者のうちから選任する者をいう。以下同じ。）の選任に関する事項

五　運転管理者（鉄道運送事業者が、第二号及び第三号に掲げる事項に関する業務のうち、列車の運行の管理、運転士及び車掌の資質の保持その他の運転に関するものを行わせるため、鉄道事業に関する一定の実務の経験その他の国土交通省令で定める要件を備える者のうちから選任する者をいう。以下同じ。）の選任に関する事項

3　国土交通大臣は、安全管理規程が前項の規定に適合しないと認めるときは、当該鉄道事業者に対し、これを変更すべきことを命ずることができる。

4　鉄道事業者は、安全統括管理者及び運転管理者（第三種鉄道事業者にあつては、安全統括管理者）を選任しなければならない。

5　鉄道事業者は、安全統括管理者又は運転管理者を選任し、又は解任したときは、国土交通省令で定めるところにより、遅滞なく、その旨を国土交通大臣に届け出なければならない。

6　鉄道事業者は、輸送の安全の確保に関し、安全統括管理者のその職務を行う上での意見を尊重しなければならない。

7　国土交通大臣は、安全統括管理者又は運転管理者がその職務を怠つた場合であつて、当該安全統括管理者又は

運転管理者が引き続きその職務を行うことが輸送の安全の確保に著しく支障を及ぼすおそれがあると認めるときは、鉄道事業者に対し、当該安全統括管理者又は運転管理者を解任すべきことを命ずることができる。

（中略）

（土地の立入り及び使用）

第二十二条　鉄道事業者は、鉄道施設に関する測量、実地調査又は工事のため必要があるときは、国土交通大臣の許可を受け、他人の土地に立ち入り、又はその土地を一時材料置場として使用することができる。

2　鉄道事業者は、前項の規定により立ち入り、又は使用しようとするときは、やむを得ない理由がある場合を除き、土地の占有者にその旨を通知しなければならない。

3　鉄道事業者は、第一項の規定による立入り又は使用によつて損失を生じたときは、損失を受けた者に対し、これを補償しなければならない。

4　前項の規定により補償する損失は、通常生ずべき損失とする。

5　第三項の規定による損失の補償については、当事者間の協議により定める。協議が調わないとき、又は協議をすることができないときは、当事者は、都道府県知事の裁定を申請することができる。

6　都道府県知事は、前項の規定による裁定の申請を受理したときは、その旨を他の当事者に通知し、期間を指定して答弁書を提出する機会を与えなければならない。

7　都道府県知事は、第五項の裁定をしたときは、遅滞なく、その旨を当事者に通知しなければならない。

8　損失の補償をすべき旨を定める裁定においては、補償金の額並びにその支払の時期及び方法を定めなければならない。

9　第五項の裁定のうち補償金の額について不服のある者は、その裁定の通知を受けた日から六月以内に、訴えをもつてその金額の増減を請求することができる。

10　前項の訴えにおいては、他の当事者を被告とする。

11　第五項の裁定についての審査請求においては、補償金の額についての不服をその裁定についての不服の理由とすることができない。

第二十二条二　（以下略）

第三章　索道事業（略）

第四章　専用鉄道　（以下略）

全国新幹線鉄道整備法（抄）

（昭和四十五年五月十八日法律第七十一号
最終改正：平成二十三年六月十五日法律第六六号）

第一章　総則

（目的）
第一条　この法律は、高速輸送体系の形成が国土の総合的かつ普遍的開発に果たす役割の重要性にかんがみ、新幹線鉄道による全国的な鉄道網の整備を図り、もつて国民経済の発展及び国民生活領域の拡大並びに地域の振興に資することを目的とする。

（定義）
第二条　この法律において「新幹線鉄道」とは、その主たる区間を列車が二百キロメートル毎時以上の高速度で走行できる幹線鉄道をいう。

（新幹線鉄道の路線）
第三条　新幹線鉄道の路線は、全国的な幹線鉄道網を形成するに足るものであるとともに、全国の中核都市を有機的かつ効率的に連結するものであつて、第一条の目的を達成しうるものとする。

第二章　新幹線鉄道の建設

（基本計画）
第四条　国土交通大臣は、鉄道輸送の需要の動向、国土開発の重点的な方向その他新幹線鉄道の効果的な整備を図るため必要な事項を考慮し、政令で定めるところにより、建設を開始すべき新幹線鉄道の路線（以下「建設線」という。）を定める基本計画（以下「基本計画」という。）を決定しなければならない。

2　国土交通大臣は、前項の規定により基本計画を決定したときは、遅滞なく、これを公示しなければならない。これを変更したときも、同様とする。

（建設線の調査の指示）
第五条　国土交通大臣は、前条の規定により基本計画を決定したときは、独立行政法人鉄道建設・運輸施設整備支援機構（以下「機構」という。）その他の法人であつて国土交通大臣の指名するものに対し、建設線の建設に関し必要な調査を行うべきことを指示することができる。基本計画を変更したときも、同様とする。

2　国土交通大臣は、前項の指名をしようとするときは、あらかじめ、指名しようとする法人（機構を除く。）に協議し、その同意を得なければならない。

（営業主体及び建設主体の指名）

第六条　国土交通大臣は、建設線について、その営業を行う法人（以下「営業主体」という。）及びその建設を行う法人（以下「建設主体」という。）を指名することができる。

2　前項の規定による営業主体及び建設主体の指名は、建設線の区間を分けて行うことができる。

3　第一項の規定による建設主体の指名は、機構又は同項の規定により営業主体として指名しようとする法人その他の法人のうちから行うものとする。

4　国土交通大臣は、第一項の規定により営業主体の指名をしようとするときは、あらかじめ、国土交通省令で定めるところにより、指名しようとする法人に協議し、その同意を得なければならない。

5　国土交通大臣は、第一項の規定により建設主体の指名をしようとするときは、あらかじめ、国土交通省令で定めるところにより、指名しようとする法人（機構を除く。）及び指名しようとする法人以外の同項の規定による営業主体の指名をしようとする法人に協議し、それぞれの同意を得なければならない。

6　第一項の規定により営業主体又は建設主体として指名しようとする法人は、その営業又は建設を自ら適確に遂行するに足る能力を有すると認められるものでなければならない。

（整備計画）

第七条　国土交通大臣は、第五条第一項の調査の結果に基づき、政令で定めるところにより、基本計画で定められた建設線の建設に関する整備計画（以下「整備計画」という。）を決定しなければならない。

2　国土交通大臣は、前項の規定により整備計画を決定しようとするときは、あらかじめ、営業主体及び建設主体（機構を除く。）に協議し、それぞれの同意を得なければならない。整備計画を変更しようとするときも、同様とする。

3　国土交通大臣は、営業主体又は建設主体から整備計画の変更の申出があつた場合において、その申出が適当と認めるときは、当該整備計画を変更するための手続をとるものとする。

（建設線の建設の指示）

第八条　国土交通大臣は、前条の規定により整備計画を決定したときは、建設主体に対し、整備計画に基づいて当該建設線の建設を行うべきことを指示しなければならない。整備計画を変更したときも、同様とする。

（工事実施計画）

第九条　建設主体は、前条の規定による指示により建設線の建設を行おうとするときは、整備計画に基づいて、路線名、工事の区間、工事方法その他国土交通省令で定める事項を記載した建設線の工事実施計画を作成し、国土交通大臣の認可を受けなければならない。これを変更しようとするときも、同様とする。

2　前項の工事実施計画には、線路の位置を表示する図面その他国土交通省令で定める書類を添附しなければならない。

3　建設主体（営業主体である建設主体を除く。第五項において同じ。）は、第一項の規定により工事実施計画を作成し、又は変更しようとするときは、あらかじめ、営業主体に協議しなければならない。

4　国土交通大臣は、建設主体が機構である場合において第一項の規定による認可をしようとするときは、あらかじめ、第十三条第一項の規定により新幹線鉄道の建設に関する工事に要する費用を負担すべき都道府県の意見を聴かなければならない。

5　建設主体は、第一項の規定による国土交通大臣の認可を受けたときは、工事実施計画に関する書類を営業主体に送付しなければならない。

（行為制限区域の指定及びその解除）

第十条　国土交通大臣は、前条第一項の規定による認可に係る新幹線鉄道の建設に要する土地で政令で定めるものについて、当該新幹線鉄道の建設を円滑に遂行させるため第十一条第一項に規定する行為の制限が必要であると認めるときは、区域を定め、当該区域を行為制限区域として指定することができる。

2　国土交通大臣は、前項の規定により行為制限区域を指定しようとするときは、あらかじめ、当該新幹線鉄道の建設主体の意見を聴かなければならない。

3　国土交通大臣は、第一項の行為制限区域の指定に関し必要があると認めるときは、建設主体に対し、必要な資料の提出を求めることができる。

4　国土交通大臣は、第一項の規定により行為制限区域を指定するときは、国土交通省令で定めるところにより、当該行為制限区域を公示し、かつ、これを表示する図面を一般の縦覧に供しなければならない。

5　国土交通大臣は、第一項の規定により指定した行為制限区域に係る新幹線鉄道の建設の工事が完了したときは、すみやかに、当該行為制限区域の指定を解除し、国土交通省令で定めるところにより、その旨を公示しなければならない。工事の完了前において当該行為制限区域を存続させる必要がなくなつたと認めるときも、同様とする。

6　第二項の規定は、前項の規定により行為制限区域の指定を解除しようとする場合について準用する。

（行為の制限）

第十一条　前条第一項の規定により指定された行為制限区域内においては、何人も、土地の形質を変更し、又は工作物を新設し、改築し、若しくは増築してはならない。ただし、非常災害のため必要な応急措置として行なう行為及び政令で定めるその他の行為については、この限りでない。

2　前項の規定による行為の制限により損失を受ける者がある場合においては、建設主体は、その者に対して通常受けるべき損失を補償しなければならない。

3　前項の規定による損失の補償については、建設主体と損失を受けた者とが協議しなければならない。

4　前項の規定による協議が成立しないときは、建設主体又は損失を受けた者は、政令で定めるところにより、収用委員会に土地収用法（昭和二十六年法律第二百十九号）第九十四条の規定による裁決を申請することができる。

（他人の土地の立入り又は一時使用）

第十二条　第五条第一項の規定による国土交通大臣の指名を受けた法人若しくは建設主体又はその委任を受けた者は、新幹線鉄道の建設に関する調査、測量又は工事のためやむを得ない必要があるときは、その必要の限度において、他人の占有する土地に立ち入り、又は特別の用途のない他人の土地を材料置場若しくは作業場として一時使用することができる。

2　前項の規定により他人の占有する土地に立ち入ろうとする者は、あらかじめ、当該土地の占有者にその旨を通知しなければならない。ただし、あらかじめ通知することが困難である場合においては、この限りでない。

3　第一項の規定により建築物が所在し、又はかき、さく等で囲まれた他人の占有する土地に立ち入ろうとする場合においては、その立ち入ろうとする者は、立入りの際、あらかじめ、その旨を当該土地の占有者に告げなければならない。

4　日出前及び日没後においては、土地の占有者の承諾があつた場合を除き、前項に規定する土地に立ち入つてはならない。

5　第一項の規定により他人の占有する土地に立ち入ろうとする者は、その身分を示す証明書を携帯し、関係人の請求があつたときは、これを提示しなければならない。
6　第一項の規定により特別の用途のない他人の土地を材料置場又は作業場として一時使用しようとする者は、あらかじめ、当該土地の占有者及び所有者に通知して、その意見をきかなければならない。
7　土地の占有者又は所有者は、正当な理由がない限り、第一項の規定による立入り又は一時使用を拒み、又は妨げてはならない。
8　前条第二項から第四項までの規定は、第一項の規定による立入り又は一時使用により損失を受けた者の損失補償について準用する。
9　第五項に規定する証明書の様式その他必要な事項は、国土交通省令で定める。

（建設費用の負担等）

第十三条　機構が行う新幹線鉄道の建設に関する工事に要する費用（営業主体から支払を受ける新幹線鉄道に係る鉄道施設の貸付料その他の機構の新幹線鉄道に係る業務に係る収入をもつて充てるものとして政令で定めるところにより算定される額に相当する部分を除く。）は、政令で定めるところにより、国及び当該新幹線鉄道の存する都道府県が負担する。
2　都道府県は、その区域内の市町村で当該新幹線鉄道の建設により利益を受けるものに対し、その利益を受ける限度において、当該都道府県が前項の規定により負担すべき負担金の一部を負担させることができる。
3　前項の規定により市町村が負担すべき金額は、当該市町村の意見を聴いた上、当該都道府県の議会の議決を経て定めなければならない。
4　地方公共団体は、第一項及び第二項に規定するもののほか、新幹線鉄道に関し、その建設に要する土地の取得のあつせんその他必要な措置を講ずるよう努めるものとする。

（地方公共団体に対する財源措置）

第十三条の二　国は、前条第一項及び第二項の規定により新幹線鉄道の建設に関する工事に要する費用を負担する地方公共団体に対し、その財政運営に支障を生ずることのないよう、そのために要する財源について必要な措置を講ずるものとする。

（鉄道事業法の適用の特例）

第十四条　営業主体と建設主体が同一の法人である場合において建設主体に対する第八条の規定による建設の指示

が行われたときは、当該指示に係る建設線の区間について、当該法人は、鉄道事業法（昭和六十一年法律第九十二号）第三条第一項の規定による第一種鉄道事業の許可を受けたものとみなす。

2　営業主体と建設主体が異なる法人である場合において建設主体に対する第八条の規定による建設の指示が行われたときは、当該指示に係る建設線の区間について、建設主体が機構以外の法人である場合にあつては、営業主体は鉄道事業法第三条第一項の規定による第一種鉄道事業（建設主体が当該建設線を営業主体に使用させようとするときは、第二種鉄道事業）の許可を受け、建設主体は同項の規定による第三種鉄道事業の許可を受けたものとみなし、建設主体が機構である場合にあつては、営業主体は同項の規定による第一種鉄道事業の許可を受けたものとみなす。

3　前二項の規定により営業主体又は建設主体が受けたものとみなされた鉄道事業の許可が鉄道事業法第三十条の規定により取り消されることとなつたときは、当該営業主体又は建設主体に係る第六条第一項の規定による指名は、そのときにおいてその効力を失う。

4　前項の場合において、第八条の規定による建設の指示が行われた建設線について第六条第一項の規定により営業主体の指名又は建設主体の指名が新たに行われたときにおける当該営業主体又は建設主体については、第一項又は第二項の規定中「建設主体に対する第八条の規定による建設の指示が行われたときは、当該指示」とあるのは、「第六条第一項の規定による当該営業主体又は建設主体の指名が行われたときは、第八条の規定による建設の指示」とする。

5　建設線の建設については、鉄道事業法第七条から第九条までの規定は、適用しない。

6　建設線については、鉄道事業法第十条第一項中「工事の施行の認可の際国土交通大臣の指定する工事の完成の期限までに、鉄道施設の工事を完成し、かつ」とあるのは「鉄道施設の工事が完成したときは」と、同条第二項中「工事計画」とあるのは「全国新幹線鉄道整備法（昭和四十五年法律第七十一号）第九条第一項の認可を受けた工事実施計画」とする。

7　営業主体及び第二項の規定により第三種鉄道事業の許可を受けたものとみなされる建設主体は、当該建設線の営業が開始される前に、国土交通省令で定めるところにより、鉄道事業法第四条第一項第六号に規定する事業基本計画に相当する計画を定め、国土交通大臣に届け出なければならない。この場合において、当該建設線の営業が開始されたときは、当該届出に係る計画は、当該建設線に係る同号に規定する事業基本計画とみなす。

（交通政策審議会への諮問）

第十四条の二　国土交通大臣は、次に掲げる事項について、交通政策審議会に諮問しなければならない。

一　基本計画の決定及びその変更に関する事項

二　第六条第一項の規定による営業主体又は建設主体の指名に関する事項

三　整備計画の決定及びその変更に関する事項

第三章　新幹線鉄道の大規模改修（略）

第四章　雑則（略）

第五章　罰則（略）

付則（略）

環境影響評価法（抄）

（平成九年六月十三日法律第八十一号）
最終改正：平成二十六年六月四日法律第五一号

第一章　総則

（目的）
第一条　この法律は、土地の形状の変更、工作物の新設等の事業を行う事業者がその事業の実施に当たりあらかじめ環境影響評価を行うことが環境の保全上極めて重要であることにかんがみ、環境影響評価について国等の責務を明らかにするとともに、規模が大きく環境影響の程度が著しいものとなるおそれがある事業について環境影響評価が適切かつ円滑に行われるための手続その他所要の事項を定め、その手続等によって行われた環境影響評価の結果をその事業に係る環境の保全のための措置その他のその事業の内容に関する決定に反映させるための措置をとること等により、その事業に係る環境の保全について適正な配慮がなされることを確保し、もって現在及び将来の国民の健康で文化的な生活の確保に資することを目的とする。

（定義）
第二条　この法律において「環境影響評価」とは、事業（特定の目的のために行われる一連の土地の形状の変更（これと併せて行うしゅんせつを含む。）並びに工作物の新設及び増改築をいう。以下同じ。）の実施が環境に及ぼす影響（当該事業の実施後の土地又は工作物において行われることが予定される事業活動その他の人の活動が当該事業の目的に含まれる場合には、これらの活動に伴って生ずる影響を含む。以下単に「環境影響」という。）について環境の構成要素に係る項目ごとに調査、予測及び評価を行うとともに、これらを行う過程においてその事業に係る環境の保全のための措置を検討し、この措置が講じられた場合における環境影響を総合的に評価することをいう。

（中略）

（国等の責務）
第三条　国、地方公共団体、事業者及び国民は、事業の実施前における環境影響評価の重要性を深く認識して、この法律の規定による環境影響評価その他の手続が適切かつ円滑に行われ、事業の実施による環境への負荷をできる限り回避し、又は低減することその他の環境の保全についての配慮が適正になされるようにそれぞれの立場で努めなければならない。

第二章　方法書の作成前の手続

第一節　配慮書

（計画段階配慮事項についての検討）

第三条の二　第一種事業を実施しようとする者（国が行う事業にあっては当該事業の実施を担当する行政機関（地方支分部局を含む。）の長、委託に係る事業にあってはその委託をしようとする者。以下同じ。）は、第一種事業に係る計画の立案の段階において、当該事業が実施されるべき区域その他の第二条第二項第一号イからワまでに掲げる事業の種類ごとに主務省令で定める事項を決定するに当たっては、同号イからワまでに掲げる事業の種類ごとに主務省令で定めるところにより、一又は二以上の当該事業の実施が想定される区域（以下「事業実施想定区域」という。）における当該事業に係る環境の保全のために配慮すべき事項（以下「計画段階配慮事項」という。）についての検討を行わなければならない。

2　前項の事業が実施されるべき区域その他の事項を定める主務省令は、主務大臣（主務大臣が内閣府の外局の長であるときは、内閣総理大臣）が環境大臣に協議して定めるものとする。

3　第一項の主務省令（事業が実施されるべき区域その他の事項を定める主務省令を除く。）は、計画段階配慮事項についての検討を適切に行うために必要であると認められる計画段階配慮事項の選定並びに当該計画段階配慮事項に係る調査、予測及び評価の手法に関する指針につき主務大臣（主務大臣が内閣府の外局の長であるときは、内閣総理大臣）が環境大臣に協議して定めるものとする。

（配慮書の作成等）

第三条の三　第一種事業を実施しようとする者は、計画段階配慮事項についての検討を行った結果について、次に掲げる事項を記載した計画段階環境配慮書（以下「配慮書」という。）を作成しなければならない。

一　第一種事業を実施しようとする者の氏名及び住所（法人にあってはその名称、代表者の氏名及び主たる事務所の所在地）

二　第一種事業の目的及び内容

三　事業実施想定区域及びその周囲の概況

四　計画段階配慮事項ごとに調査、予測及び評価の結果をとりまとめたもの

五　その他環境省令で定める事項

2　相互に関連する二以上の第一種事業を実施しようとする場合は、当該第一種事業を実施しようとする者は、これらの第一種事業について、併せて配慮書を作成することができる。

（配慮書の送付等）

第三条の四　第一種事業を実施しようとする者は、配慮書を作成したときは、速やかに、環境省令で定めるところにより、これを主務大臣に送付するとともに、当該配慮書及びこれを要約した書類を公表しなければならない。

2　主務大臣（環境大臣を除く。）は、配慮書の送付を受けた後、速やかに、環境大臣に当該配慮書の写しを送付して意見を求めなければならない。

（環境大臣の意見）

第三条の五　環境大臣は、前条第二項の規定により意見を求められたときは、必要に応じ、政令で定める期間内に、主務大臣（環境大臣を除く。）に対し、配慮書について環境の保全の見地からの意見を書面により述べることができる。

（主務大臣の意見）

第三条の六　主務大臣は、第三条の四第一項の規定による送付を受けたときは、必要に応じ、政令で定める期間内に、第一種事業を実施しようとする者に対し、配慮書について環境の保全の見地からの意見を書面により述べることができる。この場合において、前条の規定による環境大臣の意見があるときは、これを勘案しなければならない。

（配慮書についての意見の聴取）

第三条の七　第一種事業を実施しようとする者は、第二条第二項第一号イからワまでに掲げる事業の種類ごとに主務省令で定めるところにより、配慮書の案又は配慮書について関係する行政機関及び一般の環境の保全の見地からの意見を求めるように努めなければならない。

2　前項の主務省令は、計画段階配慮事項についての検討に当たって関係する行政機関及び一般の環境の保全の見地からの意見を求める場合の措置に関する指針につき主務大臣（主務大臣が内閣府の外局の長であるときは、内閣総理大臣）が環境大臣に協議して定めるものとする。

（基本的事項の公表）

第三条の八　環境大臣は、関係する行政機関の長に協議して、第三条の二第三項及び前条第二項の規定により主務大臣（主務大臣が内閣府の外局の長であるときは、内閣総理大臣）が定めるべき指針に関する基本的事項を定めて公表するものとする。

（第一種事業の廃止等）

第三条の九　第一種事業を実施しようとする者は、第三条の四第一項の規定による公表を行ってから第七条の規定による公告を行うまでの間において、次の各号のいずれかに該当することとなった場合には、配慮書の送付を当該第一種事業を実施しようとする者から受けた者にその旨を通知するとともに、環境省令で定めるところにより、その旨を公表しなければならない。

一　第一種事業を実施しないこととしたとき。

二　第三条の三第一項第二号に掲げる事項を修正した場合において当該修正後の事業が第一種事業又は第二種事業のいずれにも該当しないこととなったとき。

三　第一種事業の実施を他の者に引き継いだとき。

2　前項第三号の場合において、当該引継ぎ後の事業が第一種事業であるときは、同項の規定による公表の日以前に当該引継ぎ前の第一種事業を実施しようとする者が行った計画段階配慮事項についての検討その他の手続は新たに第一種事業を実施しようとする者となった者が行ったものとみなし、当該引継ぎ前の第一種事業を実施しようとする者について行われた計画段階配慮事項についての検討その他の手続は新たに第一種事業を実施しようとする者となった者について行われたものとみなす。

（第二種事業に係る計画段階配慮事項についての検討）

第三条の十　第二種事業を実施しようとする者（国が行う事業にあっては当該事業の実施を担当する行政機関（地方支分部局を含む。）の長、委託に係る事業にあってはその委託をしようとする者。以下同じ。）は、第二種事業に係る計画の立案の段階において、第三条の二第一項の事業が実施されるべき区域その他の主務省令で定める事項を決定するに当たっては、一又は二以上の当該事業の実施が想定される区域における当該事業に係る環境の保全のために配慮すべき事項についての検討その他の手続を行うことができる。この場合において、当該第二種事業を実施しようとする者は、当該事業の実施が想定される区域における環境の保全のために配慮すべき事項についての検討その他の手続を行うこととした旨を主務大臣に書面により通知するものとする。

2　前項の規定による通知をした第二種事業を実施しようとする者については、第一種事業を実施しようとする者とみなし、第三条の二から前条までの規定を適用する。

（中略）

第三章　方法書

（方法書の作成）

第五条　事業者は、配慮書を作成しているときはその配慮書の内容を踏まえるとともに、第三条の六の意見が述べられたときはこれを勘案して、第三条の二第一項の事業が実施されるべき区域その他の主務省令で定める事項を決定し、対象事業に係る環境影響評価を行う方法（調査、予測及び評価に係るものに限る。）について、第二条第二項第一号イからワまでに掲げる事業の種類ごとに主務省令で定めるところにより、次に掲げる事項（配慮書を作成していない場合においては、第四号から第六号までに掲げる事項を除く。）を記載した環境影響評価方法書（以下「方法書」という。）を作成しなければならない。

一　事業者の氏名及び住所（法人にあってはその名称、代表者の氏名及び主たる事務所の所在地）

二　対象事業の目的及び内容

三　対象事業が実施されるべき区域（以下「対象事業実施区域」という。）及びその周囲の概況

四　第三条の三第一項第四号に掲げる事項

五　第三条の六の主務大臣の意見

六　前号の意見についての事業者の見解

七　対象事業に係る環境影響評価の項目並びに調査、予測及び評価の手法（当該手法が決定されていない場合にあっては、対象事業に係る環境影響評価の項目）

八　その他環境省令で定める事項

2　相互に関連する二以上の対象事業を実施しようとする場合は、当該対象事業に係る事業者は、これらの対象事業について、併せて方法書を作成することができる。

（方法書の送付等）

第六条　事業者は、方法書を作成したときは、第二条第二項第一号イからワまでに掲げる事業の種類ごとに主務省令で定めるところにより、対象事業に係る環境影響を受ける範囲であると認められる地域を管轄する都道府県知事及び市町村長（特別区の区長を含む。以下同じ。）に対し、方法書及びこれを要約した書類（次条において「要約書」という。）を送付しなければならない。

2　前項の主務省令は、同項に規定する地域が対象事業に係る環境影響評価につき環境の保全の見地からの意見を求める上で適切な範囲のものとなることを確保するため、その基準となるべき事項につき主務大臣（主務大臣が内閣府の外局の長であるときは、内閣総理大臣）が環境大臣に協議

して定めるものとする。

（方法書についての公告及び縦覧）

第七条　事業者は、方法書を作成したときは、環境影響評価の項目並びに調査、予測及び評価の手法について環境の保全の見地からの意見を求めるため、環境省令で定めるところにより、方法書を作成した旨その他環境省令で定める事項を公告し、公告の日から起算して一月間、方法書及び要約書を前条第一項に規定する地域内において縦覧に供するとともに、環境省令で定めるところにより、インターネットの利用その他の方法により公表しなければならない。

（説明会の開催等）

第七条の二　事業者は、環境省令で定めるところにより、前条の縦覧期間内に、第六条第一項に規定する地域内において、方法書の記載事項を周知させるための説明会（以下「方法書説明会」という。）を開催しなければならない。この場合において、当該地域内に方法書説明会を開催する適当な場所がないときは、当該地域以外の地域において開催することができる。

2　事業者は、方法書説明会を開催するときは、その開催を予定する日時及び場所を定め、環境省令で定めるところにより、これらを方法書説明会の開催を予定する日の一週間前までに公告しなければならない。

3　事業者は、方法書説明会の開催を予定する日時及び場所を定めようとするときは、第六条第一項に規定する地域を管轄する都道府県知事の意見を聴くことができる。

4　事業者は、その責めに帰することができない事由であって環境省令で定めるものにより、第二項の規定による公告をした方法書説明会を開催することができない場合には、当該方法書説明会を開催することを要しない。

5　前各項に定めるもののほか、方法書説明会の開催に関し必要な事項は、環境省令で定める。

（方法書についての意見書の提出）

第八条　方法書について環境の保全の見地からの意見を有する者は、第七条の公告の日から、同条の縦覧期間満了の日の翌日から起算して二週間を経過する日までの間に、事業者に対し、意見書の提出により、これを述べることができる。

2　前項の意見書の提出に関し必要な事項は、環境省令で定める。

（方法書についての意見の概要の送付）

第九条　事業者は、前条第一項の期間を経過した後、第六条第一項に規定する地域を管轄する都道府県知事及び当該地域を管轄する市町村長に対し、前条第一項の規定により述べられた意見の概要を記載した書類を送付しなければならない。

（方法書についての都道府県知事等の意見）

第十条　前条に規定する都道府県知事は、同条の書類の送付を受けたときは、第四項に規定する場合を除き、政令で定める期間内に、事業者に対し、方法書について環境の保全の見地からの意見を書面により述べるものとする。

2　前項の場合において、当該都道府県知事は、期間を指定して、方法書について前条に規定する市町村長の環境の保全の見地からの意見を求めるものとする。

3　第一項の場合において、当該都道府県知事は、前項の規定による当該市町村長の意見を勘案するとともに、前条の書類に記載された意見に配意するものとする。

4　第六条第一項に規定する地域の全部が一の政令で定める市の区域に限られるものである場合は、当該市の長が、前条の書類の送付を受けたときは、第一項の政令で定める期間内に、事業者に対し、方法書について環境の保全の見地からの意見を書面により述べるものとする。

5　前項の場合において、前条に規定する都道府県知事は、同条の書類の送付を受けたときは、必要に応じ、第一項の政令で定める期間内に、事業者に対し、方法書について環境の保全の見地からの意見を書面により述べることができる。

6　第四項の場合において、当該市の長は、前条の書類に記載された意見に配意するものとする。

第四章　環境影響評価の実施等（略）

第五章　準備書

（準備書の作成）

第十四条　事業者は、第十二条第一項の規定により対象事業に係る環境影響評価を行った後、当該環境影響評価の結果について環境の保全の見地からの意見を聴くための準備として、第二条第二項第一号イからワまでに掲げる事業の種類ごとに主務省令で定めるところにより、当該結果に係る次に掲げる事項を記載した環境影響評価準備書（以下「準備書」という。）を作成しなければならない。

一　第五条第一項第一号から第六号までに掲げる事項

二　第八条第一項の意見の概要

三　第十条第一項の都道府県知事の意見又は同条第四項

の政令で定める市の長の意見及び同条第五項の都道府県知事の意見がある場合にはその意見
四　前二号の意見についての事業者の見解
五　環境影響評価の項目並びに調査、予測及び評価の手法
六　第十一条第二項の助言がある場合には、その内容
七　環境影響評価の結果のうち、次に掲げるもの
イ　調査の結果の概要並びに予測及び評価の結果を環境影響評価の項目ごとにとりまとめたもの（環境影響評価を行ったにもかかわらず環境影響の内容及び程度が明らかとならなかった項目に係るものを含む。）
ロ　環境の保全のための措置（当該措置を講ずることとするに至った検討の状況を含む。）
ハ　ロに掲げる措置が将来判明すべき環境の状況に応じて講ずるものである場合には、当該環境の状況の把握のための措置
ニ　対象事業に係る環境影響の総合的な評価
八　環境影響評価の全部又は一部を他の者に委託して行った場合には、その者の氏名及び住所（法人にあってはその名称、代表者の氏名及び主たる事務所の所在地）
九　その他環境省令で定める事項

2　第五条第二項の規定は、準備書の作成について準用する。

（準備書の送付等）

第十五条　事業者は、準備書を作成したときは、第六条第一項の主務省令で定めるところにより、対象事業に係る環境影響を受ける範囲であると認められる地域（第八条第一項及び第十条第一項、第四項又は第五項の意見並びに第十二条第一項の規定により行った環境影響評価の結果にかんがみ第六条第一項の地域に追加すべきものと認められる地域を含む。以下「関係地域」という。）を管轄する都道府県知事（以下「関係都道府県知事」という。）及び関係地域を管轄する市町村長（以下「関係市町村長」という。）に対し、準備書及びこれを要約した書類（次条において「要約書」という。）を送付しなければならない。

（準備書についての公告及び縦覧）

第十六条　事業者は、前条の規定による送付を行った後、準備書に係る環境影響評価の結果について環境の保全の見地からの意見を求めるため、環境省令で定めるところにより、準備書を作成した旨その他環境省令で定める事項を公告し、公告の日から起算して一月間、準備書及び要約書を関係地域内において縦覧に供するとともに、環

境省令で定めるところにより、インターネットの利用その他の方法により公表しなければならない。

（説明会の開催等）

第十七条　事業者は、環境省令で定めるところにより、前条の縦覧期間内に、関係地域内において、準備書の記載事項を周知させるための説明会（以下「準備書説明会」という。）を開催しなければならない。この場合において、関係地域内に準備書説明会を開催する適当な場所がないときは、関係地域以外の地域において開催することができる。

2　第七条の二第二項から第五項までの規定は、前項の規定により事業者が準備書説明会を開催する場合について準用する。この場合において、同条第三項中「第六条第一項に規定する地域」とあるのは「第十五条に規定する関係地域」と、同条第四項中「第二項」とあるのは「第十七条第二項において準用する第二項」と、同条第五項中「前各項」とあるのは「第十七条第一項及び第二項において準用する前三項」と読み替えるものとする。

（準備書についての意見書の提出）

第十八条　準備書について環境の保全の見地からの意見を有する者は、第十六条の公告の日から、同条の縦覧期間満了の日の翌日から起算して二週間を経過する日までの間に、事業者に対し、意見書の提出により、これを述べることができる。

2　前項の意見書の提出に関し必要な事項は、環境省令で定める。

（準備書についての意見の概要等の送付）

第十九条　事業者は、前条第一項の期間を経過した後、関係都道府県知事及び関係市町村長に対し、同項の規定により述べられた意見の概要及び当該意見についての事業者の見解を記載した書類を送付しなければならない。

（準備書についての関係都道府県知事等の意見）

第二十条　関係都道府県知事は、前条の書類の送付を受けたときは、第四項に規定する場合を除き、政令で定める期間内に、事業者に対し、準備書について環境の保全の見地からの意見を書面により述べるものとする。

2　前項の場合において、当該関係都道府県知事は、期間を指定して、準備書について関係市町村長の環境の保全の見地からの意見を求めるものとする。

3　第一項の場合において、当該関係都道府県知事は、前項の規定による当該関係市町村長の意見を勘案するとともに、前条の書類に記載された意見及び事業者の見解に配意するものとする。

4　関係地域の全部が一の第十条第四項の政令で定める市の区域に限られるものである場合は、当該市の長が、前条の書類の送付を受けたときは、第一項の政令で定める期間内に、事業者に対し、準備書について環境の保全の見地からの意見を書面により述べるものとする。

5　前項の場合において、関係都道府県知事は、前条の書類の送付を受けたときは、必要に応じ、第一項の政令で定める期間内に、事業者に対し、準備書について環境の保全の見地からの意見を書面により述べることができる。

6　第四項の場合において、当該市の長は、前条の書類に記載された意見及び事業者の見解に配意するものとする。

第六章　評価書

第一節　評価書の作成等

(評価書の作成)

第二十一条　事業者は、前条第一項、第四項又は第五項の意見が述べられたときはこれを勘案するとともに、第十八条第一項の意見に配意して準備書の記載事項について検討を加え、当該事項の修正を必要とすると認めるとき(当該修正後の事業が対象事業に該当するときに限る。)は、次の各号に掲げる当該修正の区分に応じ当該各号に定める措置をとらなければならない。

一　第五条第一項第二号に掲げる事項の修正(事業規模の縮小、政令で定める軽微な修正その他の政令で定める修正に該当するものを除く。)　同条から第二十七条までの規定による環境影響評価その他の手続を経ること。

二　第五条第一項第一号又は第十四条第一項第二号から第四号まで、第六号若しくは第八号に掲げる事項の修正(前号に該当する場合を除く。)　次項及び次条から第二十七条までの規定による環境影響評価その他の手続を行うこと。

三　前二号に掲げるもの以外のもの　第十一条第一項及び第十二条第一項の主務省令で定めるところにより当該修正に係る部分について対象事業に係る環境影響評価を行うこと。

2　事業者は、前項第一号に該当する場合を除き、同項第三号の規定による環境影響評価を行った場合には当該環境影響評価及び準備書に係る環境影響評価の結果に、同号の規定による環境影響評価を行わなかった場合には準備書に係る環境影響評価の結果に係る次に掲げる事項を記載した環境影響評価書(以下第二十六条まで、第二十九条及び第三十条において「評価書」という。）を、第二条第二項第一号イからワまでに掲げる事業の種類ごとに主務省令で定めるところにより作成しなければならない。

一　第十四条第一項各号に掲げる事項

二　第十八条第一項の意見の概要

三　前条第一項の関係都道府県知事の意見又は同条第四項の政令で定める市の長の意見及び同条第五項の関係都道府県知事の意見がある場合にはその意見

四　前二号の意見についての事業者の見解

（環境大臣の意見）

第二十三条　環境大臣は、前条第二項各号の措置がとられたときは、必要に応じ、政令で定める期間内に、同項各号に掲げる者に対し、評価書について環境の保全の見地からの意見を書面により述べることができる。この場合において、同項第二号に掲げる者に対する意見は、同号に規定する内閣総理大臣又は各省大臣を経由して述べるものとする。

（環境大臣の助言）

第二十三条の二　第二十二条第一項各号に定める者が地方公共団体その他公法上の法人で政令で定めるもの（以下この条において「地方公共団体等」という。）であるときは、当該地方公共団体等の長は、次条の規定に基づき環境の保全の見地からの意見を書面により述べることが必要と認める場合には、評価書の送付を受けた後、環境大臣に当該評価書の写しを送付して助言を求めるように努めなければならない。

（免許等を行う者等の意見）

第二十四条　第二十二条第一項各号に定める者は、同項の規定による送付を受けたときは、必要に応じ、政令で定める期間内に、事業者に対し、評価書について環境の保全の見地からの意見を書面により述べることができる。この場合において、第二十三条の規定による環境大臣の意見があるときは、これを勘案しなければならない。

第二節　評価書の補正等

（評価書の再検討及び補正）

第二十五条　事業者は、前条の意見が述べられたときはこれを勘案して、評価書の記載事項に検討を加え、当該事項の修正を必要とすると認めるとき（当該修正後の事業が対象事業に該当するときに限る。）は、次の各号に掲げる当該修正の区分に応じ当該各号に定める措置をとらなければならない。

一　第五条第一項第二号に掲げる事項の修正（事業規模の

縮小、政令で定める軽微な修正その他の政令で定める修正に該当するものを除く。）同条から第二十七条までの規定による環境影響評価その他の手続を経ること。

二　第五条第一項第一号、第十四条第一項第二号から第四号まで、第六号若しくは第八号又は第二十一条第二項第二号から第四号までに掲げる事項の修正（前号に該当する場合を除く。）　評価書について所要の補正をすること。

三　前二号に掲げるもの以外のもの　第十一条第一項及び第十二条第一項の主務省令で定めるところにより当該修正に係る部分について対象事業に係る環境影響評価を行うこと。

2　事業者は、前項第三号の規定による環境影響評価を行った場合には、当該環境影響評価及び評価書に係る環境影響評価の結果に基づき、第二条第二項第一号イからワまでに掲げる事業の種類ごとに主務省令で定めるところにより評価書の補正をしなければならない。

3　事業者は、第一項第一号に該当する場合を除き、同項第二号又は前項の規定による補正後の評価書の送付（補正を必要としないと認めるときは、その旨の通知）を、第二十二条第一項各号に掲げる評価書の区分に応じ当該各号に定める者に対してしなければならない。

（環境大臣等への評価書の送付）

第二十六条　第二十二条第一項各号に定める者（環境大臣を除く。）が次の各号に掲げる者であるときは、その者は、前条第三項の規定による送付又は通知を受けた後、当該各号に定める措置をとらなければならない。

一　内閣総理大臣若しくは各省大臣又は委員会の長である国務大臣　環境大臣に前条第三項の規定による送付を受けた補正後の評価書の写しを送付し、又は同項の規定による通知を受けた旨を通知すること。

二　委員会の長（国務大臣を除く。）若しくは庁の長又は国の行政機関の地方支分部局の長　その委員会若しくは庁又は地方支分部局が置かれている内閣府若しくは省又は委員会の長である内閣総理大臣又は各省大臣を経由して環境大臣に前条第三項の規定による送付を受けた補正後の評価書の写しを送付し、又は同項の規定による通知を受けた旨を通知すること。

2　事業者は、前条第三項の規定による送付又は通知をしたときは、速やかに、関係都道府県知事及び関係市町村長に評価書（同条第一項第二号又は第二項の規定による評価書の補正をしたときは、当該補正後の評価書。次条及び第三十三条から第三十八条までにおいて同じ。）、これを要約した書類及び第二十四条の書面（次条並びに第四十一条第二項及び第三項において「評価書等」という。）を送付しなければならない。

（評価書の公告及び縦覧）

第二十七条　事業者は、第二十五条第三項の規定による送付又は通知をしたときは、環境省令で定めるところにより、評価書を作成した旨その他環境省令で定める事項を公告し、公告の日から起算して一月間、評価書等を関係地域内において縦覧に供するとともに、環境省令で定めるところにより、インターネットの利用その他の方法により公表しなければならない。

第七章　対象事業の内容の修正等（略）

第八章　評価書の公告及び縦覧後の手続（略）

第九章　環境影響評価その他の手続の特例等（略）

第十章　雑則（略）

参考文献

本書を執筆する上で参考にさせていただいた文献です。

橋山禮治郎『必要か、リニア新幹線』（二〇一一年、岩波書店）
同『リニア新幹線　巨大プロジェクトの「真実」』（二〇一四年、集英社）
樫田秀樹『増補〝悪夢の超特急〟リニア中央新幹線』（二〇一六年、旬報社）
リニア・市民ネット編『危ないリニア新幹線』（二〇一三年、緑風出版）
西川榮一『リニア中央新幹線に未来はあるか　鉄道の高速化を考える』（二〇一六年、自治体研究社）
日本科学者会議編『日本の科学者』Vol 49（二〇一四年十月、本の泉社）
『リニア・破滅への超特急』ストップ・リニア東京連絡会編（一九九四年、柘植書房）

あとがき

二〇〇七年四月、ＪＲ東海によって突然リニア中央新幹線構想が発表され、二〇一一年四月に国交大臣がＪＲ東海に建設を指示、以後二〇一四年十月に工事実施計画が認可されるまで、リニア計画は実にスムーズに運ばれ、あたかもリニア新幹線は建設することが前提になっているかのような進み具合でした。

その間、懸念される財源や生活公害、自然破壊などは、いちおう議論の体裁をとりつくろいながらも、実質的には市民や住民は置き去りにされたまま、多くの問題が表面化することなく着工に至ってしまったのでした。

表面化しなかった原因は、一部の良心的な出版物やマスコミ報道を除いて、根拠の薄いリニアの光の部分のみが喧伝され、大事な影の部分は闇の中に葬り去られてしまったことです。国交大臣が事業の認可を下す際に条件とした「住民の理解を得るための丁寧な説明」は、まったく蚊帳の外に置かれ、結局、住民と自然が受ける被害だけが残されたまま、工事が始まってしまったのです。

本書はそうした経緯と状況をふまえて、リニアの影の部分を掘り起こし、リニアを漠然と「速くて便利なもの」と思っている方々に、その負の側面を分かりやすく伝えたいと思って書いたものです。本書をきっかけに、リニアが未来社会において、つまり子どもや孫たちの世代にとって、ほんとうに必要なものなのかどうか考えていただければ嬉しく思います。はたしてリニアは「夢」を運ぶのでしょうか。

本書を作る上でさまざまな情報を提供して下さった、松島信幸氏をはじめとする有識者の方々、また本書の出版の労をとって下さった緑風出版の高須次郎さんに感謝申し上げます。

二〇一七年八月二十日

懸樋哲夫
川村晃生

〈編著者略歴〉

リニア・市民ネット

2009 年 3 月に発足、リニアについて検証し、問い直す市民団体として、沿線各地の人たちと学習会やシンポジウムの開催、実験線の現地見学などを行なっています。また、「ストップ・リニア通信」を発行しています。

リニア・市民ネット山梨
代表：川村晃生　電話 055-252-0288
リニア・市民ネット東京
代表：懸樋哲夫　電話 042-565-7478

〈執筆者略歴〉

川村晃生（かわむら　てるお）

1946 年、山梨県生。市民活動家。リニア・市民ネット山梨代表。「ストップ・リニア！訴訟」原告団長。慶應義塾大学名誉教授、環境人文学専攻。

著書に『日本文学から「自然」を読む』（2004 年、勉誠出版）、『失われた日本の景観』（共著、2015 年、緑風出版）、『見え始めた終末――「文明盲信」のゆくえ』（2017 年、三弥井書店）他。

懸樋哲夫（かけひ　てつお）

1950 年、東京都大田区生まれ。リニア・市民ネット東京代表。ガウスネット・電磁波問題全国ネットワーク代表。

著書に『デジタル公害』（2008 年、緑風出版）、『検証ＩＨ調理器と電磁波被害』（2005 年、三五館）、『高圧線と電磁波公害』（共著、1997、緑風出版）他

プロブレムQ＆A

総点検《そうてんけん》・リニア新幹線《しんかんせん》

[問題点を徹底究明]

2017年9月25日　初版第1刷発行　　定価1400円＋税

編著者　リニア・市民ネット ©
発行者　高須次郎
発行所　緑風出版

〒113-0033　東京都文京区本郷2-17-5　ツイン壱岐坂
〔電話〕03-3812-9420　〔FAX〕03-3812-7262　〔郵便振替〕00100-9-30776
〔E-mail〕info@ryokufu.com
〔URL〕http://www.ryokufu.com/

装　幀　斎藤あかね　　カバーイラスト　Nozu
組　版　R 企 画　　印　刷　中央精版印刷・巣鴨美術印刷
製　本　中央精版印刷　　用　紙　大宝紙業・中央精版印刷　　E2000

ISBN978-4-8461-1713-9　C0336

●緑風出版の本

■全国のどの書店でもご購入いただけます。
■店頭にない場合は、なるべく書店を通じてご注文ください。
■表示価格には消費税が加算されます。

危ないリニア新幹線

リニア・市民ネット編著

四六判上製
二八二頁
2400円

リニア新幹線計画が動き出した。しかし、建設費だけで五兆円を超え、電磁波の健康影響、トンネル貫通の危険性、地震の安全対策、自然破壊など問題が山積している。本書は、それぞれの専門家が問題点を多角的に検証する。

失なわれた日本の景観

「まほろばの国」の終焉

浅見和彦、川村晃生著

四六判上製
二二四頁
2200円

古来、日本の国土は「まほろばの国」と呼ばれ、美しい景観に包まれていた。しかし、高度経済成長期以降、いつのまにかコンクリートによって国土は固められ、美から醜へと変わっていった。日本の景観破壊はいつまで続くのか。

高圧線と電磁波公害［増補改訂版］

高圧線問題全国ネットワーク編

四六判並製
二九二頁
2200円

スウェーデンのカロリンスカ研究所は、高圧送電線とガン発生との因果関係について綿密な疫学調査結果を発表した。本書は同報告の全文を収録するとともに、日本各地での、高圧送電線に対する住民たちの闘いをまとめる。

デジタル公害

ケータイ・ネットの環境破壊

懸樋哲夫著

四六判並製
二〇〇頁
1700円

世の中が「デジタル」化している。テレビや携帯電話、ICタグ……。こういった社会は電磁波の氾濫に加え、情報が管理されやすく、膨大な廃棄物が発生する。デジタル化の問題点を捉え、本当に必要なものは何かを問う。

JRに未来はあるか

上岡直見著

四六判上製
二六四頁
2500円

民営化から三十年。JRは赤字を解消して安全で地域格差のない「利用者本位の鉄道」「利用者のニーズを反映する鉄道」に生まれ変われたか？　鉄道交通問題研究の第一人者が、分割民営化後を総括、問題点を洗い、未来に警鐘！